冯海军◎著

浙江工商大学出版社

# 谈价论格十年间

**图书在版编目(CIP)数据**

谈价论格十年间 / 冯海军著. —杭州：浙江工商大学出版社，2016. 6
ISBN 978-7-5178-1671-3

Ⅰ. ①谈… Ⅱ. ①冯… Ⅲ. ①价格—研究—中国 Ⅳ. ①F726. 7

中国版本图书馆 CIP 数据核字(2016)第 123589 号

**谈价论格十年间**

冯海军 著

| | |
|---|---|
| **责任编辑** | 王黎明 |
| **责任校对** | 郑梅珍 |
| **封面设计** | 林朦朦 |
| **责任印制** | 包建辉 |
| **出版发行** | 浙江工商大学出版社<br>(杭州市教工路 198 号 邮政编码 310012)<br>(E-mail:zjgsupress@163. com)<br>(网址:http://www. zjgsupress. com)<br>电话:0571-88904980,88831806(传真) |
| **排　　版** | 杭州朝曦图文设计有限公司 |
| **印　　刷** | 杭州恒力通印务有限公司 |
| **开　　本** | 850mm×1168mm 1/32 |
| **印　　张** | 5. 25 |
| **字　　数** | 67 千 |
| **版 印 次** | 2016 年 6 月第 1 版 2016 年 6 月第 1 次印刷 |
| **书　　号** | ISBN 978-7-5178-1671-3 |
| **定　　价** | 28. 00 元 |

# 自 序

2006年2月,50岁的我从工作了31个年头的部队转业到浙江省物价局任副局长,分管价格监督检查、服务业价格管理等工作。

作为军人,对经济工作一窍不通,价格监管需要扫盲。怎么办?不会就学,泛读局内所有能找到的价格理论书籍,研读所有正在施行的价格法规政策。不懂就问,拜全体价格人为师,一年半时间跑遍全省所有市县,到各级价格主管部门登门求教。遇到难题就攻关,与同事切磋，与相关部门同志、企业领导、从业人员等研讨。视工作为干事业，攻难题如做学问。功夫不负有心人，随着时间的推移，我的工作慢慢上手，能力渐渐提高，经验点点积累。勤于动笔的我，感悟则记，寸积铢累，成文发表。本书收集的是我转业到地方工作以来在全国中文核心期刊《价格理论与实践》上发表过的16篇文章，文章篇数不多，字数也少，但涉及面广，实践性强，是我从事价格工作攻坚克难的记录，这些文章从一个侧面反映了我丰富、充实、艰辛的工作历程。

光阴似箭，俯仰之间十年逝，年龄已到退休时。此时将这些文章整理出版，既是对自己在地方十年工作经历的回顾，也是对长期以来关心、帮助我的领导和友人的汇报，以此聊以自慰。

这些文章，也倾注了我所分管的浙江省物价局服务业价格管理处、价格监督检查分局、价格投诉举报中心、价格研究所同志的大量心血，是同事们集体智慧的结晶，在此特致谢意。

我所谓的写文章，只是对日常工作所思所

感的心得笔记，大量修改、润色工作由学中文出身的夫人章雅琴女士负责，她当然也是作者。

借此机会，向一如既往关心我的部队首长和战友们致敬！向在这十年中帮助、支持、配合我工作的领导和价格系统的同志致以衷心感谢！

是以为序。

冯海军

2016 年 3 月 1 日于西子湖畔省府大院

# 目　录

## 六、进出口收费

# 一、公路收费

谈高速公路清障施救服务收费政策

浅析“十一”黄金周小型客车免费通行政策

再谈“重大节假日免收小型客车通行费政策”

# 谈高速公路清障施救服务收费政策

高速公路清障施救服务，是高速公路运营中必不可少的一项服务。浙江省对其服务收费实行政府定价。多年来，在运营过程中出现了施救单位认为收费偏低而乱收费、被施救者抱怨收费不合理等种种问题。对此，我们进行了大量的调研和测算，纠正了过去的一些模糊认识，重新确定了高速公路清障施救服务的定价理念，并以此为指导制定了新的服务收费标准，得到了各方的理解和支持。

# 一、高速公路清障施救服务运营模式及其存在的主要问题

## (一)高速公路清障施救服务运营模式

高速公路清障施救服务,是指为高速公路中发生事故的车辆和故障车辆提供救援的服务,主要包括拖车、吊车、轮胎抢修和货物驳运等服务项目。截至2008年底,浙江省高速公路总里程为3073公里,其主营业务及清障施救服务分别由28家国有和民营高速公路经营公司分路段经营。

高速公路清障施救经营的主要管理模式有两种,一种是自营与外包相互组合、自营为主,另一种是外包。自营与外包相互组合中,自营主要针对事故及故障车辆的拖曳和道路的保畅工作,通过组建独立的清障施救公司或分公司并配备工作人员及必要的清障车、驳货车、巡查车、吊机等组织实施;外包主要针对因部件损坏不能拖行的故障车辆、轮胎抢修、特种吊车使用等,引入专业化的外协单位完成。外包模式,是

指高速公路经营者按照市场机制引入专业化队伍，将清障、救援工作通过招标方式交由外协单位实施。

### （二）高速公路清障施救服务收费问题

近年来，随着高速公路通车里程和车流量的不断增加，高速公路车辆事故和故障量随之增多，高速公路清障施救服务乱收费现象严重，主要表现为提高标准收取拖车费、起步费和其他服务费，不执行明码标价规定等。根据浙江省价格投诉举报中心的统计，近年来高速公路清障施救乱收费是群众投诉举报的热点，连续三年居全省“涉高”举报案件的首位。在这些乱收费案件中，施救经营者与被施救者各有不同的意见。

1. 被施救者认为高速公路清障施救服务收费偏高。如一类车在高速公路上拆补一只轮胎只要 30 元，但抢修车辆的“起步费”就要 150 元。有时巡查车正好途经修车处，维修人下车帮车主装了几个螺丝也要收 150 元“起步费”，被施救者意见很大。他们认为，车辆在高速公路上行驶是交纳通行费的，高速公路经营者理应提供良好的路况和施救条件，施救清障费用不应高于普通公路。

2.施救单位认为高速公路清障施救服务收费标准偏低。由于清障施救装备的购置成本高、油价上涨、车辆费用居高不下、人工支出增加等原因，施救单位核算清障施救装备、人力等所有费用，也就是“全成本”显示，所有公司几乎都是亏损的。因此施救单位要求提高收费标准，按全成本定价，至少应按运行成本定价。

3.各高速公路经营者反映经营困难，亏损严重。在已通车的高速公路中，大多数经营者是亏损的。造成亏损的原因主要为：一是通行费偏低；二是社会责任重，公益事业负担过多，如对“绿农车”等免费通行、集装箱通行费给予优惠，政府对这些车辆的清障服务不予补贴；三是“扶贫公路”投资大、车辆少、效益低。因此，经营者很难有实力拿出钱来填补清障施救的亏损。

如何解决上述矛盾，有两种截然不同的意

见:一种意见认为,应提高高速公路清障施救服务收费标准,以解决高速公路清障施救亏损问题,同时还可利用高收费这一“价格杠杆”减少车辆故障率和事故率;另一种意见认为,应降低高速公路清障施救服务收费标准,因为确保高速公路畅通是高速公路经营者的法定职责。

## 二、必须解决的两个认识问题及各方的义务和权利

### (一)必须解决两个认识问题

1.“清障施救”活动的性质问题。高速公路清障施救属于公益性活动还是经营性活动?高速公路经营者显然是把它全部视为经营性活动,把清障施救作为一种获取经济利益的经营项目对待的。如有的经营者单独成立施救公司,开展赢利活动;有的将施救业务外包,还根据业务量的大小向承包方收取承包费。而大多数民众认为,交通本身具有公益性,为确保高速公路畅通,保护人民群众的生命财产安全,其清

障施救活动当然也具有公益性。

2.确定清障施救服务收费标准的依据问题。《浙江省高速公路运行管理办法》规定，“高速公路上的清障、救援工作，由高速公路经营单位负责实施”，“可以按照省物价主管部门核定的标准向车辆当事人收取费用”。但这个“费用”是全成本还是部分成本，没有明确规定。如果是全成本，其费用显然很高，尤其是车流量少的“扶贫公路”，事故和故障车辆很少，而施救装备和人员必须按要求配备。如果把全成本摊在为数不多的故障、事故车辆上，那是车主根本无法承受的，也是极不合理的。

**（二）各方的义务和权利**

笔者认为，高速公路清障施救服务的性质是双重的，既具有公益性，又具有经营性。重特大车辆事故的抢险、车辆火灾的灭火等，属于公益性服务；对普通故障车辆的维修等，属于经营性服务。在这些服务开展过程中，政府、高速公路经营者、车主都承担着各自不同的义务，也享有相应的权利。

1. 政府的义务和权利。政府承担组织实施高速公路重特大事故和火灾等突发事件的抢险救灾义务,应具有"保应急"的预案和能力;享有在经济活动中依法收取各种税赋的权利,包括向高速公路经营者和车主收取各种税赋的权利。

2. 高速公路经营者的义务和权利。高速公路经营者承担确保高速公路畅通的义务,应具备"保畅通"的能力,如配备相应的装备和技术人员队伍,在高速公路出现事故、故障车辆时,能迅速实施清障施救;享有依法收取车辆通行费的权利。

3. 车主的义务和权利。车主应承担所使用的车辆车况良好、依法驾驶和依法缴纳通行费等义务;享有使用路面畅通、设施完备的高速公路的权利。

**(三)各方应承担的费用**

按以上权利和义务关系,我们认为承担高速公路清障施救所产生费用的主体有三个:

1. 政府承担"保应急"的费用。即承担处理高速公路重特大事故和火灾等应急抢险所产生的费用。另外,还应做好高速公路路政工作,承担路政、高速交警的日常运行费用。

2.高速公路经营者承担“保畅通”的费用。即承担高速公路清障施救所需装备、人员所产生的费用。其清障施救作业可以由经营者自己做,也可以外包,但费用应由经营者自己单独支付,而与其收取的外包费多少无关。理论上说,这一费用应计入高速公路的运行成本中,并由车辆通行费做保证。

3.车主承担“保车辆”的费用。即承担因车辆故障、事故导致丧失自行能力后,支付由施救者提供的施救所需基本运行费用。

## 三、新的清障施救服务收费标准的特点和今后的改革设想

### (一)新标准的特点

根据对高速公路清障施救服务性质、各方义务权利的新认识和新理念,浙江省物价局制定了新的高速公路清障施救服务收费政策。其特点为:

1.较合理地确定价格水平。既低于清障施救服务的全运行成本(我们要求高速公路经营者对清障施救活动予以经费支持),又略高于普通公路同类服务收费标准,满足其基本运营费用,适当弥补清障施救服务的运营成本。

2.尽可能地引入市场机制。如对清障施救货物的运输、保管和大吨位吊车价格,由原来的政府定价改为市场调节定价。

3.简化计算方式。对拖车、吊车收费改变原来按起步费加实际作业里程费的计算方式,取固定的平均值作为各类型车辆的收费标准。这样既简单明了,又便于计算操作,减少结算时的扯皮现象。

4.进一步规范收费行为。在下发新收费标准的同时,还下发了《浙江省物价局关于调整高速公路清障施救服务收费标准的通知》,并明确了处罚对象。

**(二)改革设想**

此次出台的新标准并非是理想中的思路,只是过渡性政策。今后理想的高速公路清障施救服务收费政策改革的方向：一是高速公路通行费中要包含高速公路经营者“保畅通”的费用，即在制定通行费标准时应考虑包含清障施救服务所需要的装备、人员等费用。二是呼吁政府加大对经营性高速公路中的“扶贫公路”和公益事业的财政补助力度。三是高速公路清障施救服务价格水平应逐步与普通公路同类收费标准持平。

## 后　记

高速公路封闭运营，环境特殊，清障施救作业时间紧、装备数量多、对员工要求高，竞争难以形成，对收费标准需要实行政府定价或政府指导价管理。但如果按普通服务业根据实际成本定价，价格水平必然很高，清障施救服务的对象——车主难以承受。本文是在我省高速公路清障施救服务乱收费现象比较严重、出现大量价格投诉举报案件的情况下，在对省交通投资集团公司等多家高速公路经营企业、高速公路清障施救服务企业、驾驶员代表等进行广泛调研的基础上撰写的。文中提出的“三保”——政府“保应急”、高速公路经营公司“保畅通”、车主“保车辆”的观点，较好地解决了制定高速公路清障施救服务收费政策遇到的难题，成为制定其收费政策所遵循的原则，并被兄弟省、市所借鉴。

（原载《价格理论与实践》2009年第10期，有删改）

# 浅析“十一”黄金周小型客车免费通行政策

2012年9月，交通运输部出台《关于切实做好重大节假日免收小型客车通行费有关工作的通知》(以下简称“免费政策”)，目的是减轻有车族出行费用、拉动内需、促进旅游业发展。全国假日旅游部际协调会议办公室发布报告显示，当年中秋、国庆8天长假全国共接待游客4.25亿人次，比上年“十一”黄金周增长40.9%；实现旅游收入2105亿元，比上年“十一”黄金周增长44.4%。这里有假期时间最长、天气良好的因素,更有“免费政策”的因素。“免费政策”同时也造成高速公路大面积拥堵、景区大面积拥挤、交通事故大幅上升的不良后果。对此,社会各界见仁见智,褒贬不一。但从总结经验、吸取教训、改进工作的角度出发,则很值得深思和总结。笔者认为,至少有三个问题需要探究。

## 一、合法性问题

如果我国现有收费公路都由国家投资建设,政府出台“免费政策”无可厚非。但我国目前收费公路投资主体多元,吸收了包括民资、外资等在内的各种资本,根据“谁投资、谁受益”的原则,投资者在法定期限内按当地政府制定的收费标准收取车辆通行费受法律保护。在我国大力推进法治建设的今天,政府出台“免费政策”,又没有同时出台相应的经济弥补措施,如给企业免收一定税金,用行政权力剥夺企业的合法收益,是否合法?对此,法律界、学术界、收费公路业主等反响强烈。好在收费公路业主识大体、顾大局，积极配合各地政府落实“免费政策”的各项具体措施，保证了“免费政策”的贯彻落实。但这并不能说明这一政策的合法性。如果以后类似政策一再出台，必将对我国社会主义法治建设造成严重影响，也会损害政府的公信力，还会给西方国家对我国市场经济地位说三道四提供口舌。当然，如果根据形势发展，确实需要类似免费政策，应该先由人大立法，或在制定收费政策时事先考虑四大节日不收费因素，而后实施。

## 二、公平性问题

“十一”期间，高速公路对7座及以下小轿车免费，却忽略了同在路上行驶的公交车。公共交通是公益事业。公益事业的主要特征：一是普惠性，二是在难以普惠的情况下优先保证相对弱势或困难群体。目前，我国拥有小型客车的家庭是相对富裕的家庭，至少不属于相对弱势或困难群体，四大节日小型客车免收通行费、其他车辆仍要收费。即使这一政策通过合法程序出台，对于家庭无小型客车、出行只能乘坐大巴的农民工等相对困难群体而言，也是不公平的。“免费政策”的实施，上高速公路的小型车辆大幅度增加，加剧了交通拥堵，影响了大巴的正常行驶，引起自掏腰包买票、与免费车辆同样被堵在高速公路动弹不得的大巴乘客强烈不满，有的地方群情激愤，几乎酿成群体事件。事后有人说，“‘免费政策’是一项将无车族推向政府对立面的政策”。这种说法虽然有失偏颇，但从后果看也并非全无道理。

## 三、可行性问题

在家庭轿车大力发展、公路网建设相对滞后、旅游设施供不应求的今天，出台“免费政策”，造成旅客在短时期大量集中出行，公路网、旅游设施等能否承受？对此，有关部门事先研究不深，思想准备不够，负面影响也估计不足。一是阻碍带薪休假制度的推广。“免费政策”客观上促使自驾游旅客为节省通行费而在四大节假日集中出行，将大大减少自主择时休假人数，利益驱动必将影响带薪休假制度的推广。二是造成交通严重拥堵。以浙江省为例，节前估计黄金周期间上高速公路车辆最大流量可能同比增长25％—30％，而实际情况是：从9月30日0时至10月4日12时（之后因停止发卡难以准确统计），全路网出口车流量为657.57万辆，日平均146.1万辆，同比增长78.3％。其中小型车辆流量为573.54万辆，日平均流量为127.45万辆，同比增长76.7％。这大大超过了全省高速公路的设计流量，造成全省普遍堵车，杭州绕城公路堵车最严重路段长达60余公里，几乎全路瘫痪。大量没有高速公路驾驶经验的司机（有的甚至是新手）上高速公路，9月30日全省高速公路刮擦事故同比增长10倍。救援告急、饮水告急、吃饭告急、加油告急、如厕告急……严重影响了人民群众的正常出行。三是造成旅游景点严重拥挤。“免费政策”的确促进了旅游业的发展，但由此带来的人流也超出了旅游景点的承受能力，许多著名景点游客人数超过最佳游客人数十多倍。人满为患，就餐、住宿都供不应求，大大降低游客的旅游质量。网民调侃：游玩八达岭长城的游客回去后说“没有看到砖头”，游玩杭州西湖的游客回去后说“没看到湖水”。因游客人群严重超员，有的景区还出现了损坏景点设施的现象，影响了旅游业的可持续发展。

“治大国如烹小鲜”。我国地大人多，情况复杂，涉及全国性重大政策的出台，事先应开展广泛深入的调查研究，进行必要的听证、试点，万不可草率从事。“全心全意为人民服务”是我党的宗旨，民生事业必须依法进行，应该切实为广大人民群众的长远利益着想。“免费政策”教训不少，如果能从中吸取教训，对今后我们科学制定价格政策，也许会大有启迪。

## 后　记

无论是在撰写此文的当时还是今天看，交通运输部出台“免费政策”是一个欠深思熟虑的拍脑袋决策。本文是针对这一政策的异议。

文章发表后，受到价格、交通系统同志的普遍认同。

（原载《价格理论与实践》2012 年第 10 期，有删改）

# 再谈“重大节假日免收小型客车通行费政策”

去年，重大节假日收费公路免收小型客车通行费政策出台时，尽管交通运输部一再强调这是一项“惠民政策”，但笔者对其合法性、合理性、可行性提出了质疑。最近，在交通运输部网站看到了《收费公路管理条例》修正案征求意见稿，其中有一条款将第十四条第二项修改为：“……国家实施免费政策给经营管理者合法收益造成影响的，可通过适当延长收费年限等方式予以补偿”，如果以后真的“通过适当延长收费年限等方式”给收费公路经营管理者“予以补偿”,那么所谓的“免费政策”就不会达到其设立最初想要达到的目的。

第一,所谓的“免费政策”,其实需要代际偿还。如果现在让收费公路经营管理者免收小型客车通行费,并延长原定的收费年限,几十年后再向群众收取通行费以补偿由于现在免收通行费造成的损失,那现行的“重大节假日免收小型客车通行费政策”还能是“免费政策”吗?还能是“惠民政策”吗?如果需要父债子还,今天的“父辈们”有必要负此债务吗?

第二,所谓的“惠民政策”,实质是要劫贫济富。享受现行收费公路重大节假日免收小型客车通行费政策的只有 7 座及以下的小型客车,包括大型客车在内的其他车辆照常交费。目前我国拥有小型客车的家庭是相对富裕的家庭,至少不属于相对弱势或困难群体。家庭无小型客车、出行只能乘坐大巴的农民工等相对困难群体及运输车辆业主享受不到“免费政策”,但他们“享受”由于实施“免费政策”造成的交通拥堵。如果几十年后他们还得因为收费公路延长收费年限为今天的小型客车车主们“还债”，不是太冤了吗？乘坐大巴的农民工及运输车辆业主生活艰难，交通运输部为何还要用行政手段劫贫济富？这“惠”的是什么“民”？

当初交通运输部推行“重大节假日收费公路免收小型客车通行费政策”，目的是为了惠民。如今抛出对收费公路经营管理者的补偿政策，说明他们已经意识到现行的“免费政策”影响了收费公路经营管理者的合法收益，需要及时纠正。孰知以讹解讹会更讹。既有今日，何必当初？真心希望交通运输部领导勇敢地站出来承担责任，及时修订不切实际的“免费政策”，切实改进工作作风，尽早回归到党的十八大提出的真正为民办实事的正道上来。

**参考文献：**

[1] 浅析“十一”黄金周小型客车免费通行政策[J]. 价格理论与实践，2012(10).

## 后　记

本文是阅读了交通运输部门户网站发表的《〈收费公路管理条例〉修正案征求意见稿》后的感想,是对前面《浅析"十一"黄金周小型客车免费通行政策》一文的继续,更是对交通运输部坚持"免费政策"做法的进一步评析。

(原载《价格理论与实践》2013 年第 5 期,有删改)

# 二、客运票价

# 浅谈当前我国农村客运价格问题

## ——基于浙江省化解农村客运价格矛盾的视角

近几年来，随着浙江省新农村建设的不断发展，及农村联网公路建设和城乡客运一体化的不断推进，农村公路网络及农村公路客运的服务功能日趋完善，极大地提高了农村客运的通达水平和通达质量，为广大农民群众的出行提供了快捷、安全、舒适的交通保障，有力地促进了经济的快速发展和社会的全面进步。但是，在农村公路客运交通快速发展的同时，也出现了不少新问题。特别是由于农村客运成本日益加重，其票价受国家政策和农民群众承受能力的限制难以上调，致使多数地区的农村客运、城乡公交经营困难，影响农村社会稳定的隐患有所增加。如何妥善化解农村客运价格矛盾，为农民群众提供更高效、更安全的出行环境，是各级价格主管部门的一项重要工作。

## 一、当前我国农村客运存在的主要问题

### (一)企业经营亏损面较大

据调查统计，目前浙江省多数农村客运、城乡公交公司经营亏损，运行艰难。在被调查的68个县(市、区)中，除1个县因票价较高、企业运营状况较好外，其余67个县(市、区)农村客运企业均存在不同程度的经营困难，欠发达地区和一些山区县的农村客运更是举步维艰。大多数客运企业通过不计车辆折旧费维持日常运行，缺乏发展和再生产的能力。

### (二)引发不稳定、不安全因素多

企业经营经费紧张，难以保证正常客运必

需的人力和物力，引发社会不稳定的因素有所增加。

1.车况偏差。经费紧张导致农村客运车辆得不到及时的维修保养，许多车辆车龄接近十年甚至超过十年，该淘汰的得不到及时淘汰。这些车辆在农村（特别是山区）运行，难以保证行车安全。

2.司机年龄偏大。农村客运司机工作大多比较辛苦，且工资偏低。目前大部分农村客运司机年龄偏大，有的已接近退休年龄。

3.乱收费案件增多。由于农村客运公司长期亏损，导致私营企业擅自提价的违规案件大增。在近几年群众投诉举报案件中，反映农村客运票价乱涨的案子增多，在所有涉及交通的投诉举报案件中，有关农村客运乱涨价的案件占一半以上。

4.罢运、上访事件频发。农村客运企业经营困难，有的地方“城乡公交票价一体化”后，补贴政策未能同步实现“一体化”，引起客运企业特别是私营企业的不满，罢运、上访事件频频发生，农村客运交通瘫痪的潜在威胁不断增加。

### （三）群众满意率低

目前，尽管农村客运普遍实行低票价政策，但离老百姓的要求仍有较大差距。群众对“城乡公交一体化”的呼声很高，要求增加班次、定时定点发车、降低票价，与城镇居民享受同等公交出行待遇的诉求强烈。人大、政协有关“城乡公交一体化”的提案和建议也较多。而运输公司因经营困难，往往采取“减车增效”等措施，造成群众对交通保障的不满。

## 二、导致我国农村客运困境的主要原因

### （一）客观原因

1. 成本增加。一是油价贵。近几年，国际原油价格不断攀升，促使我国多次提高成品油价格。虽然国家对农村客运采取油价补贴政策，但补贴额不足，有的地方反映油价增支部分享受的财政补贴不足 50%，且补贴发放时间严重滞后，造成企业资金周转困难。二是车价高。

主要是车型档次提高后车辆购置成本较高；农村（特别是山区）客运道路的路况差，车辆磨损较大，导致日常维修和大修理频率高、维修费用增多。三是人工费用高。劳动工资逐年上升，新《劳动合同法》实施后，医疗、养老保险等“五金”费用大增，企业不堪重负。四是安保费用多。车辆保险费用逐年提高，公安、交通部门对车辆进行重复检测，更加重了企业负担。

2.票价偏低。浙江省现行农村客运票价大部分是在2005年前后制定的。当时，按国家对农村客运实行低票价政策的总体要求，考虑农村的经济承受能力，对农村客运票价按保本微利原则定价。几年来，尽管客运成本不断上升，但票价基本没有调整，或者调整不到位，致使现行票价与实际运行成本倒挂。

3.客座率低。由于农村地域广、人口流动性较小、出行时效性强，农村客运总体呈现流量小、客源分散、客座率低的特点。一方面，随着城镇化建设的不断推进，大量山区村民向城镇迁移，农村客源不断下降。另一方面，公路“村村通”工程的建设，使得农村道路路况得到明显改善，特别是去年政府实施汽车、摩托车下乡补贴政策，农村车辆保有量迅速提高，群众自主交通能力大大增强。据调查，目前农村客运客座率普遍不足30%，运行效率进一步下降。

4.公益事业负担重。实现公路“村村通”后，交通设施的改善为交通服务质量的提升提供了物质基础，行业主管部门和农民群众都要求农村客运增加班次、定点定时发车，希望享受优质的交通服务；农村教育改革使得村办中小学向中心镇合并，接送学生任务大多落在农村客运经营者身上。然而，“学生车”票价低、空放率高。按政策规定，农村客运对儿童、老人、残疾人、军人等特殊群体实行优惠票价政策。农村客运经营者承担了大量公益性服务，而政府对相应的成本支出，没有给予补助或没有足额补助。

**（二）主观原因**

1.对农村客运公益性的特点认识不足。农村客运属于公用事业，但也有公益性的特征。

如“村村通”、定点定时增加班次等，体现社会公益性的成分多。而从人们的生活、工作、旅游等个性化交通需求看，非公益性的成分多。由公益性成分产生的经费支出，主要应由政府埋单；非公益性成分产生的成本，应由票价补偿。公益性事业可以市场化运作，但市场化运作不能否定农村客运的公益性，政府不应该把由公益性事业产生的经济负担转嫁于企业。

2.对“城乡公交一体化”的期望过高。“城乡公交一体化”是解决当前农村客运矛盾、使广大农民与城镇居民共享交通事业改革发展成果的重要举措。然而，目前广大群众对“城乡公交一体化”期望过高、求之过急，忽视了“一体化”是一个渐变的过程。“一体化”不是“一体型”。“一体化”不能脱离实际，不能超越当地经济社会发展水平。改善农村客运条件，缩小城乡差距是一个漫长的过程，不能也不可能一蹴而就。有条件的地区，城乡居民可尽快平等享受出行公交化。欠发达地区应该允许有一个逐步发展的过程。

3. 对公路"村村通"的做法绝对化。村村通公路工程，是支持新农村建设的一项重大举措，是一项民心工程。该工程力争在 5 年时间内投入 1000 亿元修建农村公路，实现所有村庄通沥青路或水泥路，解决农民出行难的问题。任何投入都应该讲究效率，更何况 1000 亿元的巨大投资？公路"村村通"工程的效率，关键是如何定义"村"：是自然村，还是集约化的"村"？如果高山上只有几户人家的自然村，也要搞公路"村村通"？实践证明，"通"是难以为继的。只有在城镇化、集约化基础上的"村"，才有可能实现高效率的"通"、能长久的"通"、可持续的"通"。

## 三、化解当前农村客运价格矛盾的对策建议

### （一）增加政府投入

要将农村公交发展纳入公共财政保障体系，建立健全农村公共交通投入、补贴和补偿机制，与城镇交通统筹安排、协调发展。政府加大对农村客运的投入，是解决当前农村客运困局

的关键。目前，在经济发达、有条件的地方可对农村客运多投入，早日实现城乡公交一体化。在欠发达地区，政府应承担起农村客运“公益性”部分成本支出这一底线，尽可能实现多投入。

## (二)改革经营模式

当前，通过“城乡公交一体化”解决农村客运矛盾已达成共识，一体化趋势也逐渐形成，改革现行农村客运民营为主、分散经营的模式显得更为紧迫。实践证明，由国有企业承担农村客运事业，有利于社会稳定。各地应结合本地实际，以有利于推进城乡公交一体化步伐、建立公平的城乡客运市场环境为目标，选择科学合理的经营模式，组建权责明确、产权明晰、管理科学的新型城乡公交运营企业，实现规模化、集约化经营，提高效率，降低成本。如鼓励国有公交企业适时收购民营公司，支持民营企业根据线路、经营年限，按自愿原则，对各类挂靠、承包等方式经营的车主通过收购和股份制改造等进行资源整合，以建立稳定可靠的交通保障体系。此外，行业主管部门应根据农村客流变化，及时调整营运线路及车辆投放数量，促进农村客运市场供求关系的平衡。

## （三）建立合理的农村客运成本分担机制

农村客运作为社会服务性行业，应该遵循市场经济的一般规律，通过制定科学合理的价格政策，实现成本补偿并获得合理利润。从公共管理的角度分析，由于该行业具有独特性和一定的公益性，其票价水平必须根据社会经济发展情况及消费者的经济承受能力来确定，实现相对公平。各地要在对当前农村客运经营成本进行全面调查测算的基础上，准确测算成本，合理划分政府、企业、乘客各自应承担的经济责任，明确公益性支出的补偿方式和渠道，为政府科学制定票价政策当好参谋。

## （四）确定合理的票价水平

虽然国家在调整国内成品油价格时强调成品油调价后，农村道路客运（含岛际和农村水路客运）价格一律不做调整，但是在目前农村客运票价严重偏低、容易引发社会矛盾的情况下，对

于因非油价因素增加的成本,必要时可通过调整票价得以补偿,需做到以下几点:

1. 把握好调价幅度。农村客运中因成品油价格上涨而增加的支出由国家实施油价补贴补偿,按国家有关政策规定不得调整票价。但因人工费用、车型档次提高、修理费用及保险费用上升等非油价因素造成的客运成本大幅增加,现行票价无法疏导的,首先应积极通过争取财政补助予以补偿,其次要通过价格调整及时予以疏导。值得注意的是,价格调整幅度要准确测算,不同运行线路票价也要有所区别。

2. 把握好调价时机。今年各级价格主管部门管理通胀预期的任务很重,应选择有利时机,尽早出台调价政策。同时,调价还要尽可能避开各种敏感时期。

3. 依法调价。农村客运价格的调整,涉及面广,社会关注度高,要严格执行政府制定价格政策的各项规定,确保程序到位,依法行政。

4. 加强宣传。要充分利用各种媒体,向广大人民群众说明调整现行农村客运票价的必要性、合理性，争取广大农民兄弟的理解和支持，确保社会稳定。

5. 明确权责。按规定，制定农村客运票价政策的权限在当地政府。由当地交通管理部门提方案，经价格主管部门核准后报当地政府审批。价格主管部门要认真履行职责，为政府当好参谋。

在目前的经济社会发展条件下，交通事业的公益性和非公益性并存，制定农村客运票价政策应有利于维护正常的农村客运市场秩序，确保农民群众出行畅通。

## 后　记

进入新世纪以来，随着劳动力成本、车辆维修保养和保险费用、成品油价格等不断上涨，我省农村客运企业经营亏损严重，有的客运企业擅自提高票价，出现了不少乱收费现象，群众对此反应强烈，价格投诉举报大量增加，基层价格主管部门强烈要求提高农村客运票价。

但当时国家发改委每次下发成品油调价通知时都明确规定客运票价不准调整，导致上涨的成本无法疏导。为破解难题，笔者到衢州、丽水等市进行了调研，在随后我局召开的各市物价局长会议上谈了工作思路，本文是根据讲话提纲撰写的。文章同时上报国家发改委价格司，促使国家发改委在随后下发的成品油调价通知中取消了在成品油调价的同时，不允许调整客运票价的表述。省内各地也是按文章精神调整了农村客运票价，保证了农村客运业的健康发展。

（原载《价格理论与实践》2010 年第 4 期，有删改）

# 当前出租车市场监管难题及对策研究

## ——基于对浙江省出租车市场的调查报告

不久前，浙江省物价局围绕出租车运价问题在全省开展了专题调研。调研中发现出租车行业存在的问题较多且复杂，对政府部门出台相应政策支持和监管该行业的工作提出了挑战。而要破解当前的出租车监管难题，必须着眼长远，全面规划，因地制宜，综合施治，大胆改革，适时推进。

## 一、当前出租车市场存在的主要问题

多年来,各级政府为确保市民正常出行,对出租车行业投入了大量的精力和财力。然而,该行业依旧存在诸多问题有待解决。根据出租车市场涉及的利益主体对象的不同,本文做逐一分析。

**(一)司机:收入低,负担重**

近几年,浙江省出租车司机的收入(尤其是相对收入)呈逐年下降之势。出租车司机每天工作10小时以上,月收入大多在3000—5000元。如湖州市为3375元/月,其中已经包含燃油附加费收入和财政油价补贴,还没有扣除"三险一金"。此外,交通拥堵在一定程度上影响了出租车司机的经营收入。出租车司机负担重的原因:首先,出租车司机享受不到《劳动法》规定的职工合法权益,实行每周7天、每天10小时工作制。出租车司机全年基本没有休息日,法定节假日也不能按3倍工资获得相应的劳动报酬。

其次，营运权有偿使用费高。除部分县未收取此项费用外，全省所有设区市及多数县都收取这项费用，收费标准由每辆几千元到几十万元不等。再次，管理费多。除龙泉市出租车由政府经营不收取管理费以外，全省其他所有市（县）的出租车经营公司都收取这项费用，有的市（县）实行公司“挂靠经营”管理模式，把出租车所有者强行挂靠在公司中，这些公司没有任何投资，用司机的话说是“空壳＋垄断”，只收钱、不办事、不管理，成为典型的“食利阶层”。

**（二）市民：出行难，服务差**

市民报怨上下班、节假日、下雨天主城区交通拥堵，车辆运行缓慢，城内办事效率远不如以往，车站、机场、景区“打车难”成为常态。由于政府机关、企事业单位、家庭的自备轿车增加，公共交通发展缓慢，道路交通管理系统设置不科学，交通效率日渐低下。与此同时，围绕出租车运价该不该调整、怎样调整等问题，市民意见高度分散，各类媒体也众说纷纭。一部分市民认为，出租车作为公用事业，政府应该像补贴公交车一样给予补贴。政府收取高额营运权有偿使用费,增加了出租车运行成本,推高了运价,加重了乘客负担;另一部分市民认为,出租车作为舒适、快捷、个性化的交通工具,按照“谁享受谁埋单”的原则,理应由乘客承担所有费用。现在政府对出租车给予财政补贴,是政府滥用权力。此外,市民报怨出租车司机素质下降,外地司机多、对道路不熟悉,对城市的历史、社会、经济、景点等常识了解甚少。以上两点原因使得出租车行业服务的性价比较低,这样无形中推高了运价。

**(三)出租车公司:利润低,招工难**

由于一些地方政府对出租车行业的政策缺乏连贯性。如某市的出租车有偿使用费标准和使用年限十几年来先后调整了 11 次。一方面,这导致多年来公司利润只降不升,企业难以发展;另一方面,出租车行业优秀的司机大量流失,本地市民不愿干,外地司机比例逐年上升,出租车司机农民化具有普遍性,如杭州市外省籍司机占 54.49%。

### （四）政府部门：监管难，财政压力重

在政府监管方面，出租车管理已经成为最棘手的问题之一。一是经营管理体制复杂。多数城市出租车经营管理体制错综复杂，模式多样，权属混乱，个体、企业、挂靠公司相互交织。政府对个体经营者、挂靠公司、民营公司缺乏相应的管理手段，各种纠纷、矛盾得不到及时化解的现象偶有发生。二是利益诉求多样。市民、出租车司机、出租车公司之间以及各利益主体内部意见分歧大，各有各的利益，各有各的立场，思想难以统一。三是维稳难度大。政府职能部门工作缩手缩脚，“人民内部矛盾用人民币解决”。尽管地方政府对出租车行业进行财政补贴存有争议，但为了保稳定，不少地方还是拨巨资补贴，这给已经十分紧缺的地方财政造成更大的困难。杭州市今年预计用于出租车的财政补贴总额达2.9亿元，长期下去，难以为继。

## 二、出租车市场存在问题引发的思考

出租车管理是一个世界性难题,情况复杂。本文关注出租车市场的营运权问题、运价问题和政府管理问题。

### (一)营运权问题

任何国家,城市出租车发展到一定阶段,政府都遇到了如何管制出租车市场的难题。对出租车的管制包括数量管制、价格管制和质量管制三个方面。国外经验和实证研究表明,对出租车的数量管制(主要是营运权的管制)不恰当,是出租车行业诸多问题和矛盾产生的根源。从世界发达国家出租车市场管制的历史看,通常会呈现三个阶段。

第一阶段:自由竞争阶段。在出租车诞生的初期,城市交通需要是出租车发展的原动力,人们可以自由进入这个市场,进行公平、自由竞争。20 世纪 80 年代中叶以后,浙江省的部分城市出租车市场就呈现出自由竞争的特点。

第二阶段:政府管制阶段。市场竞争在促进资源合理配置、技术进步、管理水平提升的同时,也带来了其本身无法克服的无序竞争、过度竞争等问题。完全开放的出租车市场无法形成有效的价格竞争,自由进入出租车市场会最终导致过度竞争。20 世纪 90 年代,各地出租车市场先后出现了这类问题,迫使当地政府出手管制。然而,过度管制最终导致竞争失灵,“摸着石头过河”的结果造成了今天这种局面:出租车行业既没有按公用事业管理,又设置了准入制度——控制总量、有偿使用。一方面,市场经济的竞争优势得不到充分发挥;另一方面,适用于公用事业的管制政策也没有施行,最终酿成“出租车管理难题”。

第三阶段:适度管制阶段。通过对欧美数十个国家出租车市场近百年的管制制度的研究发现,出租车作为城市的一种交通工具,因存在信息不对称、交易成本隐性、容易导致过度竞争等市场失灵问题,完全解除对出租车市场管制会造成社会福利损失,因此,需要政府管制。但是,政府管制制度的实施会对出租车市场竞争产生一定的负面影响,导致效率降低。发达国家的普遍做法是,既不完全解除对出租车市场的管制,也不实行彻底管制,而是进行适度管制,呈现以下三种趋势:一是解除行业进入限制,尤其是出租车数量限制;二是强化对出租车经营者、司机的执业资格审查;三是放松价格管制,成功的做法是大城市管、小城镇放。浙江省目前正处于探索适应全省实际的出租车管制方式阶段,创建具有各地特色的"适度管制"制度,是破解当前出租车难题的关键。

**(二)出租车运价问题**

1.出租车运价水平。出租车,具有与自备轿车完全相同的优缺点。乘客打的,其实质是由于当时没有私家车可用而临时采取的租赁行为,即出租车是"租赁的私家车"。从这个意义上说,可将出租车定位为"私家车的补充"。当然,从政府保障市民出行的角度看,出租车是快捷、舒适、个性化的交通工具,是享受型的公共交通,也是"公共交通的补充"。这就是"出租车定位的双重性”。根据出租车的这种特点，其运价应该按完全成本定价。要综合考虑车辆运行成本、司机费用、公司利润、税收等。政府财力应集中补贴公共交通，取消对出租车的补贴，这样确定的运价水平必然较高，这也是发达国家出租车运价高于我国的主要原因。目前浙江省出租车的运价水平明显偏低，市民在享受出租车快捷、舒适服务的同时，对提高运价表现出不理解，有较大的抵触情绪。出租车运价是民生问题，交通拥堵也是民生问题，并且是更大的“民生问题”，“小民生”应该服从“大民生”。对此，各地政府需要进行大力宣传和引导。

2.运价要素。运价构成要素包括起步价、每公里单价、等候时间价格、夜间补助、油价变动修正指数、法定节假日加班费等。由于历史原因，目前出租车运价构成中存在着起步价偏低、等候时间价格偏低、法定节假日加班费相应的运价不能上浮等问题，需要进一步完善。

3.定价形式。根据浙江省现行的《政府定价目录》，出租车运价实行政府定价、属地管理，即由市(县)人民政府依据当地实际制定运价。从近几年工作实践看,设区市出租车运价实行政府定价的效果较好,县以下城镇虽然也是政府定价,但实际上议价情况比较普遍,群众更能接受市场调节价。这说明小城镇出租车司机与乘客信息对称性强,面议价格更有利于综合考虑路况、气候、供求关系等因素,如果强行实施政府定价,反而因做法教条化而引起不必要的价格纠纷和矛盾。

**(三)政府管理问题**

出租车问题由来已久,牵涉面广,事关民生,处理难度大,为各级政府所共识,至今几乎没有一个市能采取治本之策,各地都是头痛医头、脚痛医脚。究其原因,既有管理体制不顺的问题,也有政府职能部门之间相互推诿、工作不力的问题,还有现行制度缺陷的问题。诸如,少数出租车司机及其公司钻现行政策空子,把政府维稳政策视为政府的软肋,动辄罢运、上访,最终酿成危及社会稳定的隐患。

## 三、破解出租车市场难题的对策建议

在涉及出租车难题的所有问题中，交通拥堵是引发出租车司机和广大市民不满的直接原因，政府对营运权的管制是造成出租车难题的深层次原因。破解当前出租车难题，需要长远规划，有序推进，大胆改革，综合施治。

### （一）适时改革，下决心取消出租车市场准入制度

从当前情况看，出租车营运权问题积重难返，一时难以突破。正面难攻，侧面迂回。按公用事业管理城市出租车行业，是破解出租车难题的可行之策。一要适时终止出租车营运权有偿使用制。营运权有偿使用，造成高额“份子钱”，人为抬高出租车运价，与民争利，市民反映强烈。二要改革出租汽车市场准入制度。要教育已经取得营运权的业主，严格按契约办事，在确保稳定的前提下到期即止，妥善处理历史遗留问题。适度放开出租车市场，在符合政府有

关出租车市场准入条件的前提下,允许新业主参与竞争。

**(二)开拓创新,优化出租车营运管理体制**

根据出租车是公用事业的定性,设区市及相对发达的县城,可参照城市公交的管理体制管理出租车,实行企业化运作、员工化管理。一要实行企业化运作。参照公交公司管理模式,按城市公用事业管理的要求,组建国有出租车公司,至少要建立国有控股公司,理清产权关系,规范内部管理,"挂靠公司"整治成为名副其实的"出租车公司"。二要实行员工化管理。出租车是城市的窗口,司机是城市的义务宣传员。要建立一支有较高素质、有一定文化素养、熟悉并热爱本市的出租车司机队伍;要提高司机准入门槛。要在驾驶技能考核的基础上,进行文化知识、道德素养、市民知识等考试;要定时组织培训,包括进行经济建设、社会常识、道德素养等知识的培训;要加强日常监管和考核,主要是从业后服务质量考核,建立淘汰机制,确保司机队伍的整体素质。

## (三)因地制宜,建立差别化定价机制

市与县可实行不同的定价形式,设区市实行政府定价,县以下城镇可实行政府指导价或市场调节价,可以开放出租车市场,实行自由竞争,常山、武义等县已有成功经验可借鉴,实践效果良好。当然,这需要调整现行《政府定价目录》:提高定价水平,要按法定工作时间、当地熟练技术工工资水平,实行完全成本定价;法定节假日允许上浮3倍工资相应的运价;要允许开展特殊服务价,如具有熟练外语技能的出租车司机对国外旅客可以自主谈价等。

## 后　记

出租车管理是世界性难题,我国“摸着石头过河”的改革开放历程更是导致了出租车业问题成堆。市场有偿使用,政府监管失当,使之成为各方都不满意的敏感行业,不但影响市民正常出行,还影响社会稳定。此文是在面临重重难题的情况下,在广泛调研的基础上撰写的,

成文后先在省政府主办的《调查与思考》发表，得到了当时分管我省交通工作的王建满副省长的肯定，他批示“冯海军同志的《对策与思考》很有见地，可供各地分管交通的市、县、区长参阅”。

附：王建满副省长的批示影印件

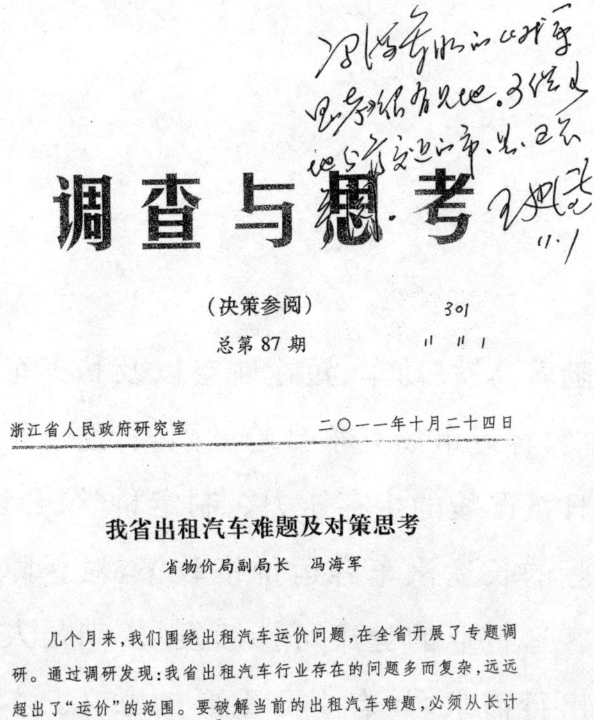

**调查与思考**

（决策参阅）

总第87期

浙江省人民政府研究室　　　　二〇一一年十月二十四日

**我省出租汽车难题及对策思考**

省物价局副局长　冯海军

几个月来，我们围绕出租汽车运价问题，在全省开展了专题调研。通过调研发现：我省出租汽车行业存在的问题多而复杂，远远超出了“运价”的范围。要破解当前的出租汽车难题，必须从长计议，全面规划，因地制宜，综合施治，大胆改革，适时推进。

**一、对“出租汽车难题”的分析**

出租汽车是一个世界性难题，情况十分复杂。

— 1 —

（原载《价格理论与实践》2011年第10期，有删改）

# 长途汽车客运业面临的困境及对策建议

随着高铁、动车、短途航空以及私家车的蓬勃发展,客运市场竞争日趋激烈,长途汽车客运面临日益严峻的生存压力。制定科学、合理、适应实际的长途汽车客运价格政策,对保障长途汽车客运行业的健康可持续发展,满足人民群众的出行需求,具有十分重要的意义。本文针对我国当前长途汽车客运市场的具体情况提出一些建议,以期对价格部门制定相关价格政策有所裨益。

## 一、长途汽车客运业面临的困境

与其他客运业相比，当前长途汽车客运业面临更多的困难和更复杂的局面。

### （一）财务成本上升较快

除了人力成本、车辆成本、油料成本、收费公路通行费用等快速增加外，与其他行业相比，长途汽车客运企业还承担了巨额的汽车场站建设费用。近年来各地城镇化快速发展，几乎所有重要城镇的汽车场站都或迁址或扩建或增建。理论上讲，汽车场站属于城镇基础设施，建设费用应该由政府买单。但实际上，各地建设汽车场站所产生的巨额费用绝大部分（甚至全部）是由长途汽车客运公司承担的。这使得长途汽车客运企业背负了巨额债务，财务成本逐年增加，发展举步维艰。

### （二）市场份额急剧降低

高铁、动车、短途航空以及私家车的快速发展，大大挤压了长途汽车客运的原有市场份额。

如高铁杭甬线建成后，汽车长途客流量下降了50%；高铁杭宁线建成后，汽车长途客流量下降了76%。甚至有的线路已到了客源断绝的地步，企业被迫削减班次甚至取消班线。例如，近3年来，温州至杭州班线由每天24个班次下降为19个班次，温州至上海班线由每天13个班次下降为2个班次；温州至深圳、中山、佛山、邵武、龙岩等班线已经停开。激烈的市场竞争还造成汽车实载率下降，日常平均实载率仅能维持在40%左右，浙江省各市(县)长途汽车客运公司收入全面下降，主业全面亏损。然而，汽车客运班线的减少和取消，加剧了部分群众的“出行难”。

### (三)需求波动很大

节假日人口大迁徙是我国客运市场的一大特点。民工流、学生流短期内剧增是我国客运业的一大难题，长途汽车客运业亦是如此。特别是浙江省这样的流动人口大省，近三分之一是外来人口，平时旅客流量较少，只需要少数车辆保障日常群众出行，而每逢节假日，旅客量剧增,这时就需要投入大量加班车辆。运力需求波动大,迫使长途汽车客运企业配备大量备用车辆,平均运输成本较高。

### (四)财政支持欠缺

尽管近几年各地政府财政对群众出行的补助支持力度不断增大,但长途汽车客运业却一直没有享受到政策扶持。在整个汽车客运业中,城市公交、城乡公交享受地方财政专项补贴和中央财政的燃油附加补贴,农村客运和出租车享受中央财政的燃油附加补贴,唯独长途汽车客运没有得到任何政府财政支持。

由于成本增加,收入减少,政府财政补贴缺位,完全靠票价收入维持运营的长途汽车客运企业入不敷出、难以为继。如何破解长途汽车客运业的困局,是当前亟待解决的问题。

## 二、正确认识长途汽车客运业的市场定位

长途汽车客运业具有独特的地位和作用。与城市公交、出租汽车、农村客运等短途汽车客

运相比,长途汽车客运具有输送距离远、输送效率高等优势;与航空、铁路运输相比,长途汽车客运具有稳定性好、扩容潜力大、调度灵活、票价较低等优势。尤其是在节假日运输需求激增时,长途汽车客运可以进行灵活调度,在短期内实现汽车运力的成倍增加,而其他运输业则很难实现这一目标。如航空业受气候影响严重,短时间内很难增加大量运力,铁路运输加班列车也十分有限。

可见,长途汽车客运是我国旅客运输最基本的手段之一。虽然目前没有任何法律要求长途汽车客运业承担保障人民群众出行需要的义务,但毫无疑问,地方政府都将长途汽车客运视为保障人民群众(尤其是农村广大外出打工人员)出行的"托底手段",要求长途汽车客运企业必须保证储备,在关键时刻能够满足包括外来人口在内的辖区群众出行需要的运力。这已经成为长途汽车客运企业不成文的义务。

长途汽车客运在保障人民群众出行中的特殊地位,说明长途汽车客运业具有明显的公益性特征。目前之所以对长途汽车客运实行政府定价或政府指导价,是因为长途汽车客运以满足人民群众出行需求为目的。政府不允许企业以利益最大化作为经营目标,正是说明了长途汽车客运的特殊性。对这类负有特殊职责、特殊负担的企业,当它与其他类型的服务企业一样参与市场竞争时,政府应该给予政策支持。

## 三、政府制定长途汽车客运票价需要权衡的几个问题

面对长途汽车客运企业严峻的困难和肩负的特殊义务,为确保其健康可持续发展,政府制定价格政策时应当有所权衡。

### (一)要体现公益特征

针对长途汽车客运行业具有公益性的特点,笔者认为,政府制定价格政策时要给予相应的支持。一是中央财政对整个汽车客运业应该一视同仁,对长途汽车客运企业给予同样的燃油附加补贴;二是地方政府对长途汽车客运企

业用于应急的储备车辆应该承担财政责任，给予相应的财政补贴；三是考虑到汽车场站的扩建、搬迁、增建等，是基于城市总体发展规划的整体需要，属于民生工程，建设费用应由政府买单，企业只负责承担汽车场站的日常运营成本。

## (二)要适应市场规律

在对长途汽车客运企业给予政策支持的同时，同样也要让企业积极参与市场竞争。目前长途汽车客运企业的竞争对手主要是动车和高铁，而无铁路线路的地方仍然以长途汽车运输为主。因此，政府部门制定相关价格政策应采取“管”与“放”相结合的办法：对与铁路平行、竞争激烈的线路，“不管价位管行为”，让企业自主定价，规范企业的经营行为，尤其是要规范价格行为，要求企业落实明码标价、预先公示调价信息等规定；同时，对目前还没有铁路、竞争相对不充分的线路，仍然实行政府指导价，对企业自主调价的幅度可适当放宽，以扩大企业的经营自主权。

### （三）要创新调价机制

针对长途汽车客运市场需求波动大、供需矛盾突出的特点，要创新调价机制，摆脱“制定价格政策”等于“决定价格水平”的藩篱，通过制定价格调节机制取代制定价格水平。具体地讲，就是地方价格部门给长途汽车客运企业的每条线路制定一个基准价、相对宽松的波动幅度、随油价和劳动力成本变化而调价的机制，允许企业自主决定具体票价，给企业以尽可能大的经营自主权。

## 后　记

近20年是我国交通事业大力发展的20年，是航空、高铁、高速公路大力发展的黄金期，同时也是交通事业激烈竞争的20年，是长途汽车客运业日趋失势的20年。本文是针对长途汽车客运业如何进行改革这一问题进行广泛调研的基础上撰写的。

（原载《价格理论与实践》2014年第9期，有删改）

# 三、停车收费

关于机动车停车服务费定价两个问题的思考

论城市治堵中发挥价格杠杆作用的可选路径

# 关于机动车停车服务费定价两个问题的思考

依据城市交通流的形态，城市交通分为动态交通和静态交通两部分。动态的机动车需要道路，静态的机动车需要车位。据测算，机动车动态与静态的时间比约为 1∶4，即平均每辆机动车行驶的时间约为 20%，占用停车位处于静态的时间约为 80%。由此可见，停车场、停车位等停车设施的建设和管理，在城市交通建设和管理中具有十分重要的地位。还有一些地方政府因此主张，购置车必须有停车位，并且应是先有车位再有车。由此看来，科学合理地制定停车服务收费政策，对规划和建设停车设施以及维护城市交通秩序、确保车主合理负担和停车位业主的合理收入都具有重要意义。

政府制定停车服务收费政策应综合考虑停车场所设施等级、地理位置、服务条件、供求关系、合理利润及社会承受能力等因素。目前，价格主管部门在制定停车服务费标准时，对是否应考虑“车辆保管费”和“交通调节费”持不同看法，对此需要深入分析和研究。

## 一、静态交通管理：车辆保管费

在机动车停车服务费中是否包含车辆保管费的实质是，停车位业主除了提供停车位、收取租金以外，是否还承担车辆的保管义务？如果承担了车辆的保管义务，就有收取车辆保管费的权利。政府制定的停车服务费中，也就应包含相应的“车辆保管费”。否则，就不需要考虑这项费用。有媒体曾对因车辆在停车位受第三方损害而引起车主与停车位业主矛盾纠纷进行过报道，法院也曾有维护车主权益的判例。然而，车位管理人和业主对此却不认同——“收了5元钱的停车费，怎么能承担高额的车辆赔偿费用”？

在一些特定场所，机动车停车服务费中考虑车辆保管费有法律依据。根据《中华人民共和国侵权责任法》第三十七条“宾馆、商场、银行、车站、娱乐场所等公共场所的管理人或者群众性活动的组织者，未尽到安全保障义务，造成他人损害的，应当承担侵权责任。因第三人的行为造成他人损害的，由第三人承担侵权责任；管理人或者组织者未尽到安全保障义务的，承担相应的补充责任”。可见，现行法律法规对一些特定场所已经明确规定了停车位业主保管车辆的法律责任，其相应的机动车停车服务费当然应包含车辆保管费。

从目前加强社会管理和提高政府定价科学性的需要而言，明确规定停车场所业主负有车辆的保管责任是十分必要的。停车场所业主负有车辆的保管责任，这意味着停车服务费中应包含车辆保管费。这样既有利于对停车服务费内涵及其制定收费政策的统一，避免在实际操作时产生矛盾；也有利于机动车在停车位遭受第三方损害时对机动车所有人合法权利的保护，有利于民事纠纷的顺利解决。

车辆保管费主要包括保管员人工费用、安全设施建设维护费用等。人工费用可按常规确定。安全设施建设维护费可参照国家和地方有关安全设施建设的规章要求，根据停车场所安全设施建设和维护总成本确定。虽然这会提高停车服务收费标准，但是一旦车辆在停车位遭第三方损害，车主可向车辆保管人或业主索赔，能够维护自身的合法权益。车辆保管人或停车位业主可以向第三方索赔，还可将车辆保管事项向保险公司投保，以降低保管责任风险，有利于社会和谐稳定。

## 二、动态交通管理：交通调节费

近几年，私家车的普及已经使我国的大中

城市交通不堪重负，造成公共交通拥堵，影响了空气质量。加强城市交通管理已经成为保障民生的重要任务之一。

总体来说，世界各国控制交通需求的手段有两个：一是控制机动车的拥有量；二是控制机动车的使用量。汽车只有在行驶时才消耗交通资源和污染环境，根据“谁使用谁付费”的原则，交通资源消耗和治理环境污染的费用理应由汽车使用者承担。发达国家一般将机动车停车费作为控制交通流量的一个重要经济杠杆。汽车购买费用仅仅是汽车消费的开始，汽车消费主要在汽车使用环节。而我国政府职能部门和广大汽车消费者对此没有形成足够的认识，社会各界对以收取高额停车费为手段调节交通流量的做法认可度不高。

制定机动车停车服务收费标准的依据有两个：一是成本因素，这容易为社会所认可；二是非成本因素，包括市场供求状况、城市经济发展要求、社会承受能力，这是一个量化难度大且在定价实践中难以为社会认可的因素。交通调节费是一个典型非成本因素，是利用收费手段调节交通流量的一个典型的“价格杠杆”。

交通调节费的具体数值既与动态交通流量相关，也与停车位供应量有关。交通越拥挤或停车位越少，相应的费用越高，反之则越低。具体标准可分区域、分时段差别定价，拉大价格差以调节车流量，促使人们树立“绿色交通”理念，尽量乘公共交通出行，确保主城区交通全时段顺畅。

当然，制定停车服务费标准也要考虑人们的经济承受能力。在停车服务费中包含交通调节费，必然会推高停车服务费标准水平，增加车主负担。在制定停车服务费政策时，要向社会进行充分的宣传和解释，要广泛征求包括车主和无车市民在内的社会各界意见，力求使大家认识到车主经济负担应服从于交通畅通、空气清洁等社会“大民生”的需求。

## 后　记

制定停车收费政策，是城市停车管理的重要内容，也是目前城市交通管理的难点之一。本文是在市民普遍反映停车难、交通拥堵的情况下通过广泛调研提出的两个观点，是我省各地制定停车收费政策的重要依据之一。

（原载《价格理论与实践》2012 年第 2 期，有删改）

# 论城市治堵中发挥价格杠杆作用的可选路径

交通拥堵已经成为我国各大城市的顽疾。控制城区汽车流量是城市治堵的“硬道理”，而科学运用价格杠杆控制城区汽车流量已被世界许多国家证明是治堵的有效手段。在我国，虽然北京、上海、广州、杭州、南京等城市都曾试图利用征收拥堵费这一价格杠杆来减少城区汽车流量，但都因遭到市民（尤其是“有车一族”）的强烈反对而放弃。笔者认为，在城市治堵工作中，发挥价格杠杆作用的关键是要选对收费的对象、用好所收经费,以赢得广大市民的理解和支持。

## 一、可选路径之一:调整停车费标准以调控交通流量

私家车“大跃进”已经使我国大中城市交通不堪重负,严重堵塞了城市交通,影响了空气质量,加强城市交通需求管理已经成为保障民生的重要任务。世界上交通需求管理的手段有两个:一是控制机动车拥有量;二是控制机动车使用量。汽车只有在行驶时才消耗交通资源和污染环境,根据“谁使用谁付费”的原则,交通资源的消耗和环境污染治理的费用理应由汽车使用者承担。发达国家的城市将机动车停车费作为控制交通流量的一个重要经济杠杆,取得较好成效。2012 年,杭州市提高了西湖景区的停车费标准——节假日每小时 30 元,大大降低了景区车流量,治堵效果显著,受到社会的普遍好评。

通常决定机动车停车服务费标准的要素有三个:停车位空间租赁费、车辆保管费、交通调

节费。空间租赁费是城市空间位置的“函数”，越是核心城区，其租赁费越高，这已赢得社会的共识。车辆保管费的实质是停车位业主除了收取其租金、提供停车位以外，还应履行对车辆的保管义务，政府制定的停车服务费中也应包含相应的“车辆保管费”。交通调节费是指因动态交通的基础——道路和静态交通的基础——停车位供不应求，使用价格杠杆调节机动车交通流量时所需的相应费用。

可见，停车费的具体数值既与动态交通流量相关，也与停车位供应量有关。交通越拥挤或停车位越少，相应的费用越高；反之则越低。制定具体停车费标准时，可以采取以下办法：一要区分空间位置，越是核心城区、越是交通拥堵地段的价格越高，反之越低。实践中可将城区划分为若干地块，按拥挤程度制定不同的收费标准。二要区分交通时段，越是交通高峰时段价格越高，反之越低。三要区分停车场位置，道路路面停车费要高于地下或其他专设停车场停车费，避免将道路变成停车场，使已经十分紧缺的道路资源更加紧张。

## 二、可选路径之二：调整政府对出租车的补贴额度以实现出行成本公平

城市出租汽车对交通流量的贡献率不可小觑，城市治堵应抑制以“打的”作为出行常态的势头。

出租汽车具有舒适度高、提供“点对点”服务等优点，同时也有容量小、能耗高、效率低等缺点。出租汽车是“租赁的私家车”，是“私家车的补充”。从这个意义上说，乘客“打的”，理应如同私家车车主一样承担全部费用，甚至更多。

针对我国城市国土面积小、人口多、城市交通资源紧缺、能源资源贫乏的实际，我们必须牢固树立“绿色出行、低碳生活”的交通理念。如同英国、日本等发达国家的市民那样，人们应把乘公交作为出行的基本方式，只有在特殊情况下才“打的”，以减少城市交通压力。为此，一要取消对出租汽车的燃油费补贴。当前国家对出租车实行燃油费补贴政策，而私家车没有，这既

是对私家车主的不公，也是对乘坐公共交通出行的市民不公。二要取消出租车的财政补贴。目前有些城市为了降低出租车票价，对出租车实行财政补贴。如杭州市每年对出租车财政补贴近3个亿。这一做法同样是对私家车主和乘坐公共交通工具市民的不公，也应该取消。对出租车票价实行全成本定价，虽然会提高票价，但这体现了“谁享受交通资源谁承担相应费用”的原则，使“打的”者付出应有的代价，以抑制其“打的”冲动。

## 三、可选路径之三：降低公共交通票价以鼓励群众绿色出行

城市公共交通是与人民群众生活密切相关的重要公益事业，政府应该尽其所能给予财政补贴，降低票价。同时，还应明确将停车费中的交通调节费、对出租车取消的补贴要专门用于降低公共交通的票价。通常情况下，市民对提高停车费标准、提高出租车票价不满意。但如果将由此获得的收入用于降低公共交通票价，

如降低公共汽车、地铁票价等，以此“惩罚”多占交通资源者，奖励或补偿乘公交出行者，就会赢得广大市民的理解和支持。

在我国一些城市以堵为患的今天，制定交通价格政策要力求做到使乘坐享受型交通工具的开私家车者和打的者有一定的经济压力，使乘坐公共交通的绿色出行者能得到经济实惠，使价格杠杆真正为保障交通畅通服务。

## 后　记

出行难已经成为我国城市通病，治堵成了城市管理的重要工作。本文是根据我省治堵领导小组要求我局“在治堵工作中要发挥价格杠杆作用”的背景下，在对杭州、宁波、义乌等地进行调研的基础上提出的工作思路。

（原载《价格理论与实践》2014 年第 3 期，有删改）

# 四、景区票价

论游览参观点的属性及其门票价格制度
制定游览参观点价格政策需要把握的若干问题
“电厂游”的门票价格该由谁定？

# 论游览参观点的属性及其门票价格制度

正确认识游览参观点的属性，对科学制定游览参观点门票价格政策、规范游览参观点价格行为、维护旅游市场价格秩序等都具有重要意义。

根据国家发改委等八部委《关于整顿和规范游览参观点门票价格的通知》（发改价格〔2008〕905号）（下文简称“《通知》”）文件精神，从游览参观点门票定价形式的角度分析，我国现有游览参观点可分为三类：公益性游览参观点、商业性游览参观点和复合型游览参观点。本文针对其不同属性，进行分析研究。

## 一、公益性游览参观点的属性及其门票价格制度

公益事业是指促进社会发展进步的社会公共事业和福利事业。《通知》规定，除文物建筑及遗址类博物馆外，全国各级文化、文物部门归口管理的公共博物馆、纪念馆、全国爱国主义教育示范基地，以及与人民群众关系密切的城市休闲公园，都属于公益事业。为充分体现其公益性，这些公益性游览参观点可以免费开放。免费开放单位日常运营费用，由原来的门票收入承担改为各级财政部门纳入预算承担。原来的门票收入由中央财政设立专项资金负担，运营经费增量部分由中央和地方财政分担。由此可以认为，公益性游览参观点不存在商业性特征，实行"零票价"政策。目前，在实践中存在的主要问题是个别地方免费政策没有贯彻到位。如有的地方以"与人民群众关系密切的城市休

闲公园”难以界定为理由，该免费的不免费。价格主管部门应加强与旅游部门等相关机构的合作，共同界定免费游览参观点，加强价格监督检查，确保各项旅游优惠政策的贯彻落实。

## 二、商业性游览参观点的属性及其门票价格制度

对非依托国家自然资源和文化资源，由商业性投资兴建的人造景观，其门票价格实行市场调节。可以认为，此类游览参观点具有商业性的特征，不具有公益性。商业性游览参观点的经营活动完全由游览参观点业主自负盈亏，成败完全由市场决定，政府价格主管部门“不定价位，管行为”，以此维护旅游市场正常的价格秩序。

目前，价格部门对商业性游览参观点实施监管遇到的主要问题是“该不该执行政府的各项旅游优惠政策?”游客认为，既然都是“游览参观点”，就都应该执行政府制定的各项旅游优惠政策，商业性游览参观点业主不能例外。价格

部门经常接到相关的投诉举报。而经营者认为，商业性游览参观点完全由业主投资兴建，经营活动完全是市场行为，政府无权剥夺经营者的合法收益。如果对特殊群体实行优惠政策，有时还会影响正常的旅游秩序。如对号入座的演出活动，如果对部分游客实行免票，座位难以安排，操作有困难。笔者认为，对商业性游览参观点是否执行国家有关旅游优惠政策的问题，要坚持实事求是的原则，倡导而不强求。在既保护经营者合法权益，又顾及游客利益的前提下，倡导经营者尽可能多地承担社会责任，尽可能多地贯彻政府有关旅游优惠政策，但不搞一刀切。

## 三、复合型游览参观点的属性及其门票价格制度

对于依托国家自然资源或文化资源投资兴建的游览参观点门票价格，实行政府指导价或政府定价。此类游览参观点情况比较复杂，既具有一定的公益属性，也具有一定的商业属性，

因此称为“复合型游览参观点”。价格主管部门既要“管价位”，也要“管行为”。制定复合型游览参观点门票价格政策应考虑两个因素：

1. 整个游览参观点所依托的国家自然资源或文化资源是景点的主体，是其成为“游览参观点”的基础，具有公益性，应该参照公益性游览参观点制定价格政策，由政府各级财政负担经费转为与门票一起分担，且应按低利润甚至零利润原则，将日常运营费用作为制定门票价格的成本。

2. 游览参观点在国家自然资源或文化资源基础上兴建的各种设施具有商业性，应该参照商业性游览参观点制定门票价格，允许有一定利润。“在国家自然资源或文化资源基础上所兴建的各种设施”基本都是配套设施，与所依托的“国家自然资源或文化资源”相比，配套设施往往只是很小部分，游客之所以来此游览参观点是因为有所依托的“国家自然资源或文化资源”，而不是因为所兴建的配套设施，尽管配套设施也是必不可少的。

由于依托国家自然资源或文化资源投资兴建的复合型游览参观点兼具公益性和商业性特点，不具有高票价的理论依据，价格部门在制定价格政策时，必须坚持低利润、合理票价的原则，避免高票价现象的出现。

目前，价格部门制定商业性游览参观点门票价格政策遇到的最大难题是如何界定是否依托了“国家自然资源或文化资源”。理论上界限清晰，原则明确：如果没有依托国家自然资源或文化资源，就实行市场调节价；如果依托国家自然资源或文化资源，就实行政府定价、政府指导价。但是，实践中界限模糊，完全没有依托国家自然资源或文化资源而投资兴建的游览参观点少之又少，通常是或多或少依托一点国家自然资源或文化资源。如个人收藏展，完全由个人投资，但往往涉及国家文化资源；又如漂流，设备设施完全由企业投资，但必然依托国家自然资源——河流。在实际工作中如何界定、如何监管，仁者见仁，智者见智。有的地方是能管则管，有的地方是可放则放。实践结果各有千秋，管得多的地方票价较低，也相对稳定，但缺乏市场竞争活力；放得多的地方市场竞争充分，但常出现高票价、高回扣等现象。

笔者认为，对界限模糊、一时难以界定的旅游参观点门票，应提倡实行政府指导价，既控制价格水平，避免出现高票价现象，又保持竞争活力。在旅游市场比较成熟、价格秩序较好的地方，价格部门也可以指导旅游企业实行自主定价。

**后　记**

本文谈的是一个有关旅游业的理论问题，是笔者在工作遇到困难后，通过学习有关专业理论、与有关专家研讨后形成的理论观点，这一观点成了日后我们制定景区门票价格政策的依据。

（原载《价格理论与实践》2013 年第 3 期，有删改）

# 制定游览参观点价格政策需要把握的若干问题

目前,价格主管部门在制定游览参观点价格政策时遇到不少难题。如游览参观点经营者甚至当地政府涨价欲望强烈,但抑制价格上涨阻力较大;游览参观点定价成本支出难以界定,合理的价格水平难以把握等。因此,要营造价格比较合理、游客流量均匀、旅游业健康可持续发展的良好环境,必须科学制定游览参观点价格政策,妥善处理以下几个问题。

## 一、关于旅游需求的“基本”与“非基本”问题

我国旅游资源十分丰富,但由于人口众多,需求量巨大,人均旅游资源相对不足。制定旅游价格政策,要区分“基本需求”与“非基本需求”,采取相应的价格政策。根据旅游景区功能,可将其分为三种类型,采用相应的价格政策:

1. 教育熏陶型游览参观点。除文物建筑及遗址类博物馆外,全国各级文化、文物部门归口管理的公共博物馆、纪念馆、全国爱国主义教育示范基地,以及与人民群众关系密切的城市休闲公园,都属于教育熏陶型游览参观点,具有完全的公益性,应对广大人民群众免费开放。

2. 休闲娱乐型游览参观点。依托国家自然资源或文化资源投资兴建的国家公园、风景名胜区,其依托的国家自然资源或文化资源是游览参观点的主体,具有公益性,应坚持低利润、合理票价的原则,将日常运营费用作为制定游览参观点门票价格的主要成本,避免高票价现

象的出现。

3.资源保护型游览参观点。对于需要保护的重点文物古迹、历史文化遗产、联合国认定的各类保护区,以及容量有限、安全难以保证的特殊景区,可适当提高游览参观点门票价格,限制游客流量。

## 二、关于游览参观点的定价方式问题

对于游览参观点实行市场调节还是政府定价、政府指导价,取决于游览参观点是否依托了"国家自然资源或文化资源",但在实践中难以把握,界限模糊。针对"国家自然资源或文化资源"具有地域相对固定的特点,可以通过"能否改变游览参观点地点"作为判定依据。如果更换地点也可以兴建同类游览参观点,就可以认定该游览参观点没有依托"国家自然资源或文化资源",应实行市场调节价;反之,就可以认定该游览参观点依托了"国家自然资源或文化资源",应实行政府定价或政府指导价。

## 三、关于游览参观点门票价格的成本问题

公益性的游览参观点，长期供来自国内外的广大游客享受，景区内民众为保护景区环境、确保景区可持续发展做出的牺牲应得到合理补偿，景区所在行政区域内兴建的桥、路等公共基础设施建设费用景区应得到分摊。否则，就会失去当地政府和民众的支持，影响当地政府建设基础设施的积极性。因此，确定游览参观点门票价格的成本，既要考虑景区日常运行成本，也应合理分摊景区所在行政区公共基础设施建设和管理费用。

## 四、关于如何处理游览参观点的观赏价值问题

游览参观点门票价格是否应包含其观赏价值？见仁见智。一般认为，游客为了观赏才去游览参观点，那么在门票价格中包含其观赏价值无可厚非。从实际效果看，在游览参观点门

票价格不包含所谓的“观赏价值”不会影响旅游收入，甚至反而增加旅游收入，杭州市西湖风景区免费开放旅游，总收入不减反增就是有力佐证。所以，游览参观点门票价格不包含其观赏价值，不但能更好地坚持游览参观点的公益性，并且也具有合理性。

## 五、关于游览参观点淡旺季差别价格问题

随着人民群众生活水平的提高，游览参观点供不应求将会成为常态。由于游览参观点容量有限，科学运用价格杠杆，尽可能均衡淡旺季旅游流量，对于促进旅游业健康可持续发展、保护旅游资源都将产生积极作用。

1. 要认清运用价格杠杆的目的。运用价格杠杆调节游客流量的目的，不是为了获取更多的利润，而是为了在年度内各时段，让游客尽可能合理分布，发挥各种旅游设施的最大效益，确保旅游活动安全有序，维护旅游事业的健康可持续发展。

2.要综合运用价格杠杆。旅游市场要充分发挥市场规律的作用，除了政府管制的游览参观点门票价格要运用价格杠杆实行淡旺季差别价格以外，还要积极引导和规范停车、餐饮、住宿、娱乐等行业实行淡旺季差别价格，以发挥价格杠杆的综合调节作用。

3.要提高运用价格杠杆的强度。在稳定游览参观点门票价格总水平的前提下，可拉大淡旺季价差，淡季要低得具有较大吸引力，旺季可高到有点承受压力，以真正起到价格杠杆的调节作用。

## 六、关于景区内交通工具的定价问题

景区内交通票价政策如何制定也是一个争议较大的问题。有人主张政府管制，有人主张完全放开。从实践结果看，景区内交通票价应区分“基本需求”与“非基本需求”两种情况。对于旅客不能选择、必须使用的交通工具，其票价应实行政府定价或政府指导价。对游客可选择的、可用可不用的交通工具，其票价可以实行市场调节价。

## 七、关于召开调价听证会的问题

召开调价听证会是制定游览参观点价格政策的法定程序，是科学制定游览参观点价格政策的基本保证。调价听证会应把握好两点：

1. 要坚持听证程序。《关于整顿和规范游览参观点门票价格的通知》（发改价格〔2008〕905号）明确规定："实行政府定价、政府指导价的门票价格调整，要按规定进行听证，广泛听取意见，提高决策透明度。"即凡是调整上述游览参观点的门票价格，就必须经过听证程序。

2. 要坚持听证代表的广泛性。旅游景点具有主要为外地人服务的特点。价格部门制定游览参观点门票价格政策，不但要广泛征求当地社会各界的意见，更要广泛听取外地游客代表的意见。

总之，制定游览参观点价格政策，既要坚持

游览参观点的公益性、坚持低票价，又要促进旅游业发展、增加旅游收入，正确处理这两方面的关系，妥善解决以上问题，为旅游业全面可持续发展营造良好的环境。

## 后　记

制定景区门票价格政策是旅游业管理的重点和难点，全国各地价格主管部门对如何制定价格政策在认识上有很大分歧。本文是在对省内外景区门票价格管理工作进行广泛调研的基础上，在与全省各市物价局服务业管理处处长研讨的基础上而形成的工作思路，为我省各地制定景区门票价格政策提供了指导性意见。

（原载《价格理论与实践》2013 年第 6 期，有删改）

# “电厂游”的门票价格该由谁定?

某发电厂为国资企业,设备先进,科普价值高,环境优美,可观赏性强,要求来参观的人络绎不绝,由此激发了发电厂领导开展“电厂游”以扩大企业财源的经营思路,并得到了当地旅游、工商等部门的准许。但当市物价局收到发电厂开展“电厂游”门票定价申请时,负责制定价格政策的服务业价格管理处的同志对其门票价格由政府决定还是由企业自主决定的疑问产生了两种截然不同的看法。

一部分同志认为，我国《旅游法》第四十三条规定："利用公共资源建设的景区的门票以及景区内的游览场所、交通工具等另行收费项目，实行政府定价或者政府指导价，严格控制价格上涨。"作为国资企业的发电厂，显然是"利用公共资源建设的"，如果开展游览参观，那就成了"利用公共资源建设的景区"，其"门票以及景区内的游览场所、交通工具等另行收费项目"理所当然要实行政府定价或者政府指导价。

另一部分同志认为，《中共中央 国务院关于推进价格机制改革的若干意见》(以下简称"《若干意见》")所确定的价格改革的目标是"到2017年，竞争性领域和环节价格基本放开，政府定价范围主要限定有重要公用事业、公益性服务、网络型自然垄断环节"。即使发电厂是利用公共资源建设的，但"电厂游"与其他工业游、农业游、港口游、矿山游、影视基地游等类同，市场竞争十分充分，应该以贯彻落实《若干意见》为契机，大胆改革，突破一些不合时宜的规定，及时放开价格，让企业根据旅游市场实际情况自行决定门票价格。

如何在制定景区门票价格时正确理解和把握《旅游法》中关于“公共资源”的本质,是当前地方各级价格主管部门制定价格政策时遇到的难点之一,类似的争论具有一定的普遍性。笔者认为,政府部门依法制定价格政策,必须从立法本意、立法思想上准确把握立法精神,而不能教条化地咬文嚼字。在贯彻落实《若干意见》的今天,更应该如此。

首先,应明确《旅游法》规定的“利用公共资源建设的景区的门票以及景区内的游览场所、交通工具等另行收费项目,实行政府定价或者政府指导价”,是因为“公共资源”是属于社会公有、公用的自然与社会资源。即自然生成或自然存在的资源,它能为人类提供生存、发展、享受的自然物质与自然条件,这些资源的所有权由全体社会成员共同享有,是社会经济发展共同所有的基础条件。游客在游览利用公共资源建设的景区时,既欣赏了相应的公共资源,也享用了景区经营企业所建设的旅游设施。其中,公共资源的所有权为包括游客在内的全体社会成员所有，游客当然可以免费享用；而景区经营企业建设的旅游设施是企业的资产，其建设成本以及相应的经营成本、税费等，是门票的定价成本。在这种情况下，如果允许景区经营企业自主定价，就存在侵占他人权益的可能，违背了公平公正原则，所以必须由政府代表全体社会成员定价。

其次，要看到公共资源是相对于私有财产资源而言的。在经济学上，“公共资源”具有非排他性的特征。如空气和水体、生态与环境等是全体社会成员可以自由利用的资源，不具有排他性。而私有财产资源为个人或企业所有，具有无可争辩的排他性。政府不应该插手干预定价，否则就是滥用政府权力，侵害个人或企业的合法权益。

再次，要区分资源的利用有直接利用和间接利用之别。《旅游法》第四十三条“利用公共资源建设的景区”，是指旅游企业直接利用公共资源建设的景区，建设项目的直接用途是旅游，其门票以及景区内的游览场所、交通工具等另行收费项目，必须由政府定价或者实行政府指导价。发电厂也是直接利用公共资源建设的，但项目用途不是旅游，而是发电。发电厂经营者利用发电厂自身的旅游价值开发旅游项目，只要履行了政府规定的相应的各种审批手续、支付了相应的各种费用，则其属于发电厂使用权范畴内的可自主支配的权利运用，本质上是间接利用公共资源，而且是发电厂可自主支配的资源（企业资产），同样具有排他性特征。发电厂是否利用自身条件开发旅游项目，是企业的权利，他人及其组织都不应干涉。因此，发电厂开发的旅游项目，没有直接利用公共资源，其门票价格不应该由政府定价，而应该由企业自主决定。

类似的各种工业游、农业游、港口游、矿山游、影视基地游等，都应该认真贯彻落实《若干意见》和《旅游法》精神，用好、用足市场这只“手”，充分发挥市场竞争决定资源配置的作用，放开门票价格，尊重企业的定价权，促进旅游业健康发展。同时，价格主管部门还必须保证游客的知情权。放开不是放任，对放开价格的旅游项目，价格主管部门的工作重点是加强对旅游市场价格行为的监管，要依法制定价格行为规则和监管办法，特别要解决好旅游市场某些环节竞争不充分、地位不平等、市场信息不对称和信息不及时等问题，科学制定景区门票，落实价格明码标价规定，要求企业提前在网上公示，确保游客能了解具体价格、服务内容等，实现"货比三家"，以保证他们的选择权。

## 后　记

目前，旅游业是我国国民经济的支柱产业之一，也是我省逆势而上的主要产业。在制定具体景区门票价格政策时，如何做到既遵守《旅游法》第四十三条规定"利用公共资源建设的景区的门票以及景区内的游览场所、交通工具等另行收费项目，实行政府定价或者政府指导价"，又能贯彻落实《中共中央 国务院关于推进价格机制改革的若干意见》所确定的价格改革的目标“到 2017 年,竞争性领域和环节价格基本放开,政府定价范围主要限定在重要公用事业、公益性服务、网络型自然垄断环节”的精神,是当前各级价格主管部门遇到的难点。尤其是如何正确理解、把握“利用公共资源建设的景区”是当前全国相关价格工作者争论不休的闹心事。本文通过举例说明的方法,为突破这一难点指明了方向。

(原载《价格理论与实践》2016 年第 3 期,有删改)

# 五、市场监管

# 完善我国超市商品明码标价的思考

近来,有人举报浙江省一些超市未按《关于商品和服务实行明码标价的规定》第十四条规定实施明码标价,要求价格监督检查部门对违反规定的经营者进行处罚,引起了超市经营者不满,由此产生了一些纠纷和矛盾。为此,我们深入超市、卖场进行走访调查。

## 一、基本情况

我国 2001 年 1 月 1 日起施行的《关于商品

和服务实行明码标价的规定》第十四条规定："开架柜台、自动售货机、自选市场等采取自选方式售货的，经营者应当使用打码机在商品或其包装上胶贴价格标签，并应分品种在商品陈列柜（架）处按第十三条规定明码标价。"（以下简称"第十四条规定"）这实质上既要求经营者对自选方式售货商品按通常要求明码标价，又要求经营者对每件自选商品与其对应的标价信息进行固化，以避免消费者任意挪动自选商品造成与其对应的标价信息错位，确保货真价实。这一规定是在超市刚起步、单店面积小、销售频次不高的情况下制定的，在当时对保护消费者和经营者权益起到了积极作用。

但是，随着我国超市规模的不断扩大，大型超级卖场每日销售的商品流量巨大、品种很多、规格繁杂，经营者很难做到对出售的每件商品都按规定胶贴价格标签。据调查，其原因主要有三点：一是有的商品不能胶贴价格标签。如冷冻冷藏食品，包装袋（盒）表面有冰粒或水珠，胶贴价格标签很容易脱落；有的商品经常要调整价格，撕下原价格标签会损坏商品包装。二是有些商品消费者不愿意、不欢迎胶贴价格标签。如作为礼品的商品，如果顾客不愿胶贴价格标签，撕下价格标签又会影响礼品美观，甚至损坏包装。三是对所有商品胶贴价格标签会消耗大量人力。目前我国大型超市每天商品销售量达十几万甚至几十万件，如果对每件商品特别是体积较小的商品（如口香糖）都胶贴价格标签，需要消耗大量人力，将大大增加企业的劳务支出，不但企业难以承受，也违背节约、高效原则。因此，第十四条规定在实践中长期得不到真正的贯彻落实，并已成为价格监督检查部门督促落实明码标价规定的一大难题。

## 二、主要看法

《关于商品和服务实行明码标价的规定》施行近 5 年后的 2005 年 10 月 1 日，随着《商品条码管理办法》的施行，已经为解决上述矛盾带来了机遇，之前存在的问题甚至得到基本解决。

《商品条码管理办法》第四十二条规定："零售商品代码与条码是指以满足零售扫描结算为主要目的，而为商品单元编制的代码和条码标识"，它固定于每件商品上，反映每件商品的生产国(地区)、制造厂家、商品名称、生产日期等商品生产信息。当超市将商品上架供消费者自选时，其商品的价格信息随之由超市电脑销售系统信息一一对应确定，只是没有明示。在超市设置"价格查询机"可供消费者查询后，每件商品唯一的价格信息可通过商品条码(即"条形码")扫描查询。所以，我们可以认为，商品条形码及其查询系统已经起到了第十四条规定的对采取自选方式售货的每件商品胶贴价格标签以固化商品信息的作用，其信息量甚至比第十四条规定所要求的更全、更多，固化得更加牢靠。

因此，对于具有条形码的商品，只要经营者在商品陈列柜(架)处分品种按《关于商品和服务实行明码标价的规定》第十三条的要求明码标价，即标明商品的品名、产地、计价单位、零售价格等内容，能为消费者提供"价格查询机"方便自主查询商品价格,在结账时能向消费者提供具有每件商品价格、数量和金额等信息的消费单据,实现一一对应告知的目的,就应该认为经营者已经执行了第十四条规定内容,只不过形式稍有不同。

当然,对于没有条形码的商品,如鲜活水产品、新鲜的水果蔬菜等散装农副产品,经营者必须按第十四条规定,在消费者选定的商品包装上(通常在过磅时)胶贴价格标签,以确保第十四条规定的贯彻落实。事实上,浙江省各地的超市经营者也是这样做的。

## 后　记

2009 年初,全国各地出现了大量针对超市不按规定明码标价的"职业举报",各地价格监督检查部门对如何处理这些价格举报案件看法不一,有的地方认为应该按价格欺诈进行严肃查处,如对某家大型超市全国各地共处罚了 19 次,每次罚款 50 万元,累计 950 万元。有的同志认为，大部分超市存在不按规定明码标价是由于工作失误，无论是超市领导还是员工，通常没有主观故意，主张从轻处罚或不处罚。如何处理针对我省超市不按规定明码标价的举报案件，成为当时工作的难点。为此，我与价格监督检查分局、价格投诉举报中心同志对多地超市广泛调研，通过反复推敲，提出了处理意见和工作思路，要求全省各地按此思路执行，并撰写本文。文中提出的用条形码替代胶贴价格标签的思路，是破解超市明码标价难题的关键之举。文章发表后引起了社会广泛关注和争论（见附件），也促使国家发改委修改了有关商品明码标价的规定。①

（原载《价格理论与实践》2010 年第 11 期，有删改）

① 国家发展改革委办公厅对《关于商品和服务实行明码标价的规定》第十四条解释的通知（国家发展改革委办公厅·发改办价检〔2011〕906 号）。

附件：

## 中国青年报:豫超市上书要求取消商品价签

发布日期:2011年4月29日

近日,河南郑州数家大型超市因没有按照国家规定在商品上粘贴价格标签,遭遇河南省物价部门的处罚。对此,多家大型超市联合上书国家发改委,称此举将导致成本上涨并引发物价上涨,请求发改委取消对所有商品粘贴价格标签的规定。

消息一出,立即引发社会各界的强烈争议。

记者调查发现,小小的价格标签,贴与不贴看似简单甚至微不足道,但是其背后却是商家和全体消费者巨大利益的博弈。

今年春节期间,北京、天津、上海等地的家乐福、沃尔玛大型超市被曝利用价格标签欺诈消费者,引起社会强烈关注。随后,北京、辽宁、吉林、黑龙江、上海、湖北、湖南、重庆、广西、云南等地价格主管部门根据有关规定，分别对涉案的19家超市门店各处以法定最高额度50万元的罚款，罚款总额950万元。

家乐福、沃尔玛等零售业巨头的价格欺诈行为，立即引起了郑州市职业打假人赵正军的注意。

……

随着争论的深入，关于超市明码标价的问题，逐渐集中到一点：目前超市普遍使用的条形码，能否起到完全替代价格标签的作用？

首先，众多大型超市都认为，商品上的条形码作为同类单品的唯一识别码印刷在商品外包装上，就已经起到了价格标签的作用。“消费者如果找不到价格，可以到收银台扫一下，也可以利用价格查询机查询”。

对此，有关执法部门也有着与超市一样的观点。

在浙江省物价部门官方网站上，该局副局长冯海军在一篇文章中认为，2005年10月1日施行的《商品条码管理办法》规定:“零售商品代码与条码是指以满足零售扫描结算为主要目的,而为商品单元编制的代码和条码标识。”它固定于每件商品上,反映每件商品的生产国(地区)、制造厂家、商品名称、生产日期等商品生产信息。当超市将商品上架供消费者自选时,其商品的价格信息随之由超市电脑销售系统中的信息一一对应确定,只是没有明示。

在超市设置“价格查询机”可供消费者查询后,每件商品唯一的价格信息可通过商品条码(即“条形码”)扫描查询。所以,我们可以认为商品条形码及其查询系统已经起到了第十四条规定的对采取自选方式售货的每件商品胶贴价格标签以固化商品信息的作用,其信息量比第十四条规定所要求的更全、更多,固化得更加牢靠。

“因此,笔者认为对于具有条形码的商品,只要经营者在商品陈列柜(架)处分品种按《关于商品和服务实行明码标价的规定》第十三条的要求明码标价,即标明商品的品名、产地、计价单位、零售价格等内容，能为消费者提供‘价格查询机’方便自主查询商品价格，在结账时能向消费者提供具有每件商品价格、数量和金额等信息的消费单据，实现一一对应告知之目的，就应该认为经营者已经执行了第十四条规定内容，只不过形式稍有不同。”冯海军在文章中说。

……

# 试析商品促销活动中的“原价”问题

我国民众消费的一个突出特点是好砍价、爱买打折商品，即使买回家用不上也要“血拼”——只为享受买便宜货的快感。然而，俗话说：“只会买错，不会卖错”。商家正是利用人们这种爱贪小便宜的心理，开展各种名目的商品促销活动，并在促销活动中利用现行价格法规对“原价”定义的缺陷，故意偷换概念，设置价格陷阱，实施价格欺诈，损害消费者利益，这已成为目前市场价格欺诈案件的一大特点。因此，准确界定“原价”，正确识别“原价”，妥善运用“原价”，对商家依法开展商品促销活动以及价格主管部门加强对市场价格行为有效监管都具有重要意义。

## 一、目前市场商品促销活动中标识的“原价”多数不规范

目前，市场商品促销活动中常见的“原价”主要有四种形式：

### （一）根据法定“原价”概念确定的“原价”

根据国家发展改革委《关于禁止价格欺诈行为的规定有关条款解释意见的通知》（发改价检〔2006〕623号）第四条规定：“‘原价’是指经营者在本次降价前七日内在本交易场所成交的有交易票据的最低交易价格；如前七日内没有交易价格，以本次降价前最后一次交易价格作为原价。”（以下称“法定原价”）在目前市场商品促销活动中，这种完全规范的“法定原价”虽然有，但十分罕见。

## (二)以商品促销活动前最后一次交易价为“原价”

商家将商品促销活动前最后一次交易价作为“原价”,比较直观,便于操作,是目前市场上较为常见的做法。如某种蔬菜以1元/斤出售。当卖家发现销路不好时,决定打9折处理,即以0.9元/斤出售。降价后顾客大增,供求关系促使卖家再提价出售,仍然1元/斤。快下市时顾客减少,蔬菜的质量也大不如以前,卖家决定再次打折销售,此时打8折,以0.8元/斤出售——即以促销活动前最后一次交易价为“原价”。这是农贸市场搞农副产品促销活动时最常见的做法,早为广大消费者所接受。但这是不规范、不合法的确定“原价”的方法。

## (三)以商品的最初标价为“原价”

无论是初次或是多次促销活动,经销商都以商品初次上架销售时标定的价格为“原价”。目前市场上,确定商品初次标价有三种情况:一是由经销商自主确定价格。传统的商贸活动大多如此。经销商先进货,然后根据进货价及供求关系等确定销售价。二是由经销商与商品生产厂家协商确定价格。这是目前商贸活动较常见的现象。三是由商品生产厂家确定价格。即以生产厂家供货时确定的出厂价(挂牌价)为“原价”。目前,多数生产厂家都对商品确定了全国(全销售区域)统一的“挂牌价”,销售商以此作为以后每次促销活动的“原价”。无论是初次或是以后多次,都以此“原价”乘以各次促销活动的打折率,计算出各次促销活动中相应商品的实际交易价。如某服装生产厂家确定的衬衣挂牌价是1000元/件,第一次促销活动9折销售,则衬衣的实际交易价为900元/件。若第二次8折销售,则仍以原来的挂牌价(1000元/件)为“原价”,打折后衬衣的新交易价为800元/件。以商品的最初标价为“原价”是目前大型商场开展商品促销活动中最常见,也为广大消费者所接受的现象。与第二种情况相同,这也是不规范、不合法的确定“原价”的方法。

**(四)使用虚构的“原价”**

为牟取暴利,不法商家用虚构“原价”的方

式开展促销活动，这是目前市场价格欺诈行为中最常见的现象，尤以“满×元，减×元”等促销活动为甚。在开展这类促销活动前，商家往往先虚构一个比原商品交易价高的价格作为商品“原价”——即虚构的商品“原价”，再以“满×元，减×元”诱导性语言欺骗消费者。这是目前各级政府价格主管部门在市场价格监管中重点查处的价格违法行为。

## 二、“法定原价”在商品促销活动中很难操作

根据销售商反映，在当前商品促销活动中，真正按“法定原价”执行的很少，操作也非常困难，有时甚至无法实施。主要原因有以下几点。

### （一）初次交易的商品无“法定原价”

初次交易的商品，既无“在本次降价前七日内在本交易场所成交的有交易票据的最低交易价格”，也无“本次降价前最后一次交易价格”。

如果要搞促销活动，显然不存在“法定原价”。事实上，在目前商品房销售过程中已经遇到了这一法律难题：《商品房销售许可证》的标价在实际交易商品房时是否允许打折？如果不允许，显然不合理，也行不通；如果允许，以《商品房销售许可证》的标价为原价进行打折销售，却不合法。如何解决这一悖论？

### (二)唯一性商品无“法定原价”

市场上有不少商品具有唯一性的特征，如无法批量生产的工艺品、字画、古董等，仅此一件，既无“在本次降价前七日内在本交易场所成交的有交易票据的最低交易价格”，也无“本次降价前最后一次交易价格”，也不存在“法定原价”。如果搞商品促销活动，同样会遇到无“法定原价”的法律难题。

### (三)不同商品打包销售后再次促销时无法确定“法定原价”

在促销活动中，如果将若干不同商品“打包”成一组销售，就无法确定其中某件商品的价格。如果该商品再次搞促销活动，当然不存在

“法定原价”。常见的情况有两种:一是以某个固定价格买若干不同品种的商品时,无法确定其中某件商品的价格。如100元买2只鸡1条鱼,就无法确定其中每只鸡、每条鱼的价格。二是在“满×元,减×元”的促销活动中,其中某件商品的价格也无法确定。因为,在促销活动中可选择的商品很多,不同消费者选定商品及费用往往不同,即使某位消费者能确定所买每件商品的价格,但所有消费者购买的商品综合以后就无法确定其中某件商品的价格。以上两种情况,在搞促销活动时,都不存在“法定原价”。

## (四)多次促销的商品很难确定“法定原价”

同一品种商品如果连续多次参与促销活动,即使是最简单的打折销售,按规范的做法确定“法定原价”,也使许多商家难以操作。如服装,出厂时每件系一个挂牌,多次打折后如何标价?每次都改写挂牌上的价格?不允许!每次都换掉每件服装的挂牌?也不现实。即使能换挂牌,价格多次打折后不可能是整数,并且打折次数越多,数字会越复杂,既不便商家操作,对消费者来说也不简明。

## 三、“法定原价”必须符合市场经济发展的实际

上述“原价纠结”，使政府价格主管部门在市场监管中感到无所适从，还常常被“专业举报人”所利用，严重损耗有限的行政资源。怎么办？比较可行的办法是更新现有法规，重新界定“原价”。笔者认为，根据目前商品促销活动实际，工业品以商品初次上架销售时标定的价格为“法定原价”，农副产品以促销活动前最后一次交易价为“法定原价”，这样分类界定更能适应目前商品促销活动的需要。其好处在于：

首先，可以确保商品在任何情况下有且只有一个“原价”。无论是初次出售的商品，还是唯一性商品，都有原价，并且只有一个原价，没有逻辑矛盾。

其次，简洁明了、便于操作，是目前多数销售商的习惯做法。

再次，消费者习以为常，有社会基础。

最后，便于政府价格主管部门实施监管，一个商品固定一个原价，监督检查一目了然。

当然，以商品的初次标价为“法定原价”，可能会导致挂牌价越来越高，其实现在已经有这种趋势。但随着市场经济的不断发展，市场竞争的固有规律以及政府价格主管部门的有效监管，我们有信心、有理由相信市场价格秩序一定会不断趋于规范，商品及服务全面“明码实价”的一天也一定会到来。

## 后　记

“原价”问题困扰各级价格监督检查部门多年，尤其是近年电子商务出现后，本来就对实体店已经不适用的有关法规被迫用于网购业务，为众多“职业举报”人钻空子提供了机会，造成涉及电子商务的价格举报案子急剧上升，严重影响了各级价格监督检查部门的正常工作。文中的观点最终促成国家发改委于 2015 年对原来的“价格欺诈”条款(特别是对“原价”)的修订,使这一困扰多年的难题得以解决。[①]

(原载《价格理论与实践》2011 年第 4 期,有删改)

① 国家发展改革委关于《禁止价格欺诈行为的规定》有关条款解释的通知(发改价监〔2015〕1382 号)。

# 当前查办价格垄断协议案件遇到的困难和对策

随着我国市场经济的发展，产业内部和相关产业之间的竞争日益激烈，具有竞争关系的经营者之间通过达成垄断协议，凭借联合限制产销数量、串通商品或服务价格等手段来牟取暴利的行为日益增多，严重扰乱了正常的市场竞争秩序，影响了我国经济的健康发展。2008年8月，我国《反垄断法》正式施行，明令禁止具有竞争关系的经营者达成垄断协议，这为查办垄断协议案件提供了法律依据。随着我们查办的价格垄断协议案件日渐增多，在不断积累办案经验的同时，我们也深深感到目前的调查执法工作还存在差距与不足。因此，研究价格垄断协议行为的特点，探讨依法查办价格垄断协议案件的技巧与方法，对提高办案效率、确保办案质量、维护市场竞争秩序、促进经济健康发展具有重要意义。

## 一、当前价格垄断协议行为的主要特点

浙江省是个经济大省，制造业发达，国有经济和民营经济在经济生活中都发挥着重要作用。通过几年来办案执法工作中的不断总结和积累，我们发现经营者达成的价格垄断协议具有以下特点：

1. 价格垄断协议行为的行业分布比较广泛。各地具有竞争关系的经营者在生产经营活动中相互协商价格的行为比较普遍。通过协商，有的达成口头协议，有的形成书面协议。已被调查的价格垄断协议案涉及各行各业，有制

造业，如蓄电池制造业、造纸业等，也有服务业，如洗车业、理发业、汽车销售业等；有小微企业，也有大中型企业；有民企，也有国企。概括起来，价格垄断协议案件多集中在那些产品或服务的同质性强、市场透明度高的行业。其中，服务业往往具有价格需求弹性不高的特点，而制造业则普遍存在生产能力过剩的特点。

2.价格垄断协议行为的地域分布比较集中。目前部分地区的“块状经济”格局使相同或相关行业，特别是制造业的企业在地域分布上相对集中，同行业经营者沟通交流活动频繁，很容易达成统一销售价格、限制产销数量等“协议”，导致价格垄断协议案件呈现地域分布集中的特点。如已经被查处的造纸企业垄断协议案、蓄电池制造企业垄断协议案，都分别发生在一个县域内。需要指出的是，价格垄断协议行为具有发生地域分布比较集中的特点，这一特点使得该行为以及对该行为的查处通常会影响到一定行政区域（如一个县）内的地方经济利益，直接关系到当地的 GDP 水平。因而此类价格垄断协议案件的查办往往会引起当地政府的关注，甚至会或多或少地受到来自当地政府的干扰。

3. 价格垄断协议行为的组织程度高、约束力强。我们发现，在经营者所签订的价格垄断协议中，大多数协议是由行业协会牵头，组织专人起草，并召开行业协会成员会议讨论通过的；在一些没有行业协会的领域，协议通常由龙头企业牵头，其余企业参与完成价格垄断协议的签订工作，也呈现明显的组织性。如某区的混凝土企业垄断协议案，就是由龙头企业牵头完成的。由于行业协会的组织与参与，大多数价格垄断协议的约束力较强。为实现共同的“利益”，并出于对来自行业协会及其他参与者制裁的担忧，价格垄断协议的参与者大多不会欺骗其他参与者，擅自违反价格协议。在我们查办的案件中，美国芝加哥学派学者所描述的那种价格垄断协议的离心力似乎并不明显。

4. 价格垄断协议的组织者和参与者的法律意识淡薄。参与签订价格垄断协议的经营者，大多数没有意识到协调价格、签订价格垄断协议是违法行为,而认为是正常的商务活动。他们认为签订价格垄断协议的行为是合理的、正当的,是为了避免恶性价格竞争,保护自身利益,是在"维护正常的经营秩序"。有的行业协会领导公开承认,协调价格是他们的重要工作之一。最典型的案例是:某县造纸企业协会会长把协调企业价格作为"工作成绩"向检查人员汇报。个别地方政府领导为了解决当地企业恶性竞争,保护本地利益,或明或暗地放任甚至怂恿行业协会出面协商价格。令人担忧的是,相当多价格垄断协议的组织者和参与者还没有充分认识到价格垄断协议行为对于竞争秩序、本地市场活力以及本地经济利益所产生的长期而深远的恶劣影响。这一局面如果不能得到根本性的扭转,随着查办价格垄断协议案件工作的广泛和深入开展,我们不仅会面临价格垄断协议更加隐蔽、经营者反调查手段不断增加所造成的困难,而且还可能得不到相关地方政府和行业组织的理解和协助,难以有效遏制价格垄断协议行为以维护浙江省经济微观层面的公平竞争秩序，难以提升浙江省经济的整体竞争力，进而妨碍浙江省经济可持续发展以及经济结构升级等宏观目标的实现。

## 二、查办价格垄断协议案件过程中遇到的困难

由于我国施行《反垄断法》的时间还不长，经营者的反垄断法律意识薄弱，价格监督检查队伍的力量不足，缺乏反垄断的执法经验，我们在查办价格垄断协议案件时遇到了不少困难。

1. 调查取证任务重。调查价格垄断协议案件往往牵涉几家、十几家甚至几十家企业，调查取证工作量巨大。而且，目前价格垄断协议已经出现隐蔽化的趋势，经营者拒不配合甚至阻挠调查的现象也有所增加，这无疑增加了调查取证工作的难度。根据我国现行《反垄断法》及相关法规、规章关于执法机关组织的规定，我国价格监管部门尚没有设立专门的价格垄断案件调查机构，也没有增加价格管理工作的人员配

置。也就是说，价格执法人员必须在完成常规价格监督检查任务的同时，增加价格垄断案件的调查工作，由于任务重，资源少，一定程度上影响了办理相关案件的质量。

2. 不熟悉反价格垄断的调查取证手段。如前所述，随着“价格垄断协议”案件调查工作的开展，企业反调查能力也在不断提高。例如，原来的书面协议逐渐被口头协议所替代。尽管《反垄断法》及相关法律规定授予了价格主管部门“进入被调查的经营者的营业场所或者其他有关场所进行检查”以及“查封、扣押相关证据”的权力，但由于价格执法人员不熟悉这些新的调查取证手段，担心会因此而产生行政争议，所以往往在价格垄断协议案件的调查取证过程中仍沿用传统的价格监督检查手段和方法，无法像发达国家那样实施“黎明行动”，导致一些明显的价格垄断协议行为难以取证定性，对违法企业不能施以有效的惩罚制裁。

3. 认定价格垄断协议违法的依据不明确。根据我国现行《反垄断法》第十五条规定，达成垄断协议的经营者具有7项豁免理由，由于符合豁免理由的垄断协议有利于推动企业间的价格竞争、质量竞争，或者有利于提高中小企业的竞争力，被认为是合法的，在法律上适用“合理原则”。由于价格垄断协议对于竞争的危害巨大，所以世界各国的反垄断法普遍明确规定垄断协议的豁免理由均不适用于价格垄断协议。然而，我国《反垄断法》及相关法律规定并没有对这一点做出明确的规定，这使得目前价格主管部门在面对调查对象提出的豁免请求时，拿不出认定价格垄断协议违法性的明确法律依据。对一些界限模糊的涉嫌价格垄断协议的行为，如果不予以处罚，下游企业和举报人不满意，认为价格主管部门不作为；如果给予处罚，被罚企业不服气，认为价格主管部门乱作为，这不仅使政府价格主管部门处于尴尬的境地，更降低了查处价格垄断协议执法工作的力度和效果。

4. 经济处罚顾虑重。我国现行《反垄断法》第四十六条规定，“经营者违反本法规定，达成并实施垄断协议的，由反垄断执法机构责令停止违法行为，没收违法所得，并处上一年度销售额1%以上10%以下的罚款；尚未实施所达成的垄断协议的，可以处50万元以下的罚款”。这是我国迄今为止规定的最为严厉的财产处罚。其罚度之重，在我国经济执法史上前所未有。考虑到大多数价格垄断协议参与者在违法时对《反垄断法》几乎一无所知的现实，以及当前我国存在区域经济发展不平衡的实际情况，如果在执法实践中执行过于严苛的处罚措施，难免会导致一部分被处罚企业无法承受，从而影响《反垄断法》以及反价格垄断执法工作的社会认可度。特别是某些地方政府考虑到发展地方经济会不同程度上干预价格主管部门的调查执法活动，给价格主管部门及其检查人员未来办案造成一定的阻力。

## 三、查办价格垄断协议案件的对策措施

针对以上情况，在查处价格垄断协议案件，特别是在实施经济处罚时应坚持教育为先、处

罚为辅、循序渐进、注重实效的原则，通过办案，达到规范市场价格竞争、维护市场经济秩序的目的。

1. 要加强反价格垄断执法队伍的建设。经过三年多对价格垄断案件的执法实践，各级价格监督检查人员积累了一定的办案经验，但整个价格监督检查队伍对反价格垄断工作仍然存在“四个不适应”，即思想认识不适应、执法理念不适应、工作方法不适应、机构体制不适应。要选调更多年轻同志充实价格监督检查队伍，加强对价格监督检查人员的政策法规培训，注重反垄断工作的学术研究，搞好反垄断执法实践的总结，使价格监督检查力量适应反价格垄断工作的需要。反垄断工作的技术性、政策性强，对检查人员的文化素质，特别是使用现代信息技术的能力提出了更高的要求。

2. 要改进《反垄断法》的宣传贯彻方法。目前，《反垄断法》的社会认知度不高，众多的经营者对《反垄断法》还不甚了解，这需要广大价格工作者在普法教育活动中改进宣传方法，提高宣传效率。针对行业协会、龙头企业在其中的特殊作用,可组织行业协会和龙头企业领导进行《反垄断法》的内容学习和知识培训,并通过行业协会和龙头企业,搞好本行业系统的《反垄断法》宣传教育,明确《反垄断法》对经济行为的规范作用,确保广大经营者知法守法,维护生产者和消费者的长期利益。

3.要加强调查取证手段的运用和创新。传统价格监督检查的调查取证手段已经远远不能适应当前查处价格垄断协议案件的需要,必须解放思想,开拓创新,借鉴发达国家反垄断工作的具体经验做法,建议由国家发改委牵头,从制度层面解决价格监督管理和反垄断工作的独立性问题,从技术层面使广大价格执法人员熟练掌握并灵活运用反价格垄断的各种新调查手段和方法,解决实际调查过程中的侦查技术、侦查手段和侦查方法等问题,以提高对价格垄断协议案件的调查取证能力。

4.要慎重把握处罚力度。针对我国开展反价格垄断工作时间短,经营者对价格垄断行为的违法性质认识不足的现状，在执法实践中应采取先告诫后处罚、先轻罚后重罚的原则，使反价格垄断执法工作稳妥推进，以取得最佳的法律效果和社会效应。要区分不同情况，把握处罚力度：一是初犯与重犯要区别对待，初犯以教育、告诫为主，重犯者适当加重处罚；二是情节轻的与情节重的要区别对待，情节轻者以教育、告诫为主，情节重者适当加重处罚；三是小微企业与大中型企业要区别对待，小微企业经营所面临的困难相对较多，而且它们通常是价格垄断行为的直接受害者，因此对涉嫌价格垄断协议案件的小微企业，以教育、告诫和扶持为主；对大中型企业可以视情节给予必要的处罚；四是区域性垄断企业与全国性垄断企业要区别对待，对于涉及区域性价格垄断协议案件的企业，应相对从轻处罚，对于涉及全国性价格垄断协议案件的企业，要适当加重处罚。但无论哪种情况，都应慎重把握处罚力度，给经营者一定的适应期和整改期。

## 后　记

作为新兴的市场经济国家，反垄断工作当然也是新生事物，省一级价格主管部门如何反垄断更是需要认真探索的问题，否则，可能事与愿违，原本为了维护正常的市场竞争秩序、促进经济健康发展的努力反而成了影响经济发展的因素。本文就是在这样的背景下，在对企业调研、与有关法律专家探讨、对若干涉嫌价格垄断案件查处实践的基础上提出的一些工作思路和建议，也成为近年我省开展反垄断工作所秉承的基本原则。

（原载《价格理论与实践》2011 年第 12 期，有删改）

# 洗车店签订协议统一涨价是垄断行为吗

春节前，某县物价局获悉，县内一小镇8家洗车店统一将小车洗车价格由原来20元/辆提高到30元/辆，并签订了一份书面协议书。消费者对此反响强烈，要求物价局对其做出处罚。

县物价局调查后发现情况属实，但在对其如何定性、如何处罚的问题上，产生了意见分歧：一部分同志认为，这是典型的价格串通案件，属于《价格法》第十四条所列的“相互串通，操纵市场价格，损害其他经营者或者消费者的合法权益”的不正当价格行为，按权限本局可以根据《价格法》《关于价格违法行为处罚规定》相关规定查处；另一部分同志认为，这是典型的价格垄断案件，属于《反垄断法》第三条所列的“经营者达成垄断协议”中的“横向垄断”行为，县物价局无权做出处理，应上报省物价局并由省物价局按《反垄断法》进行查处；另外，还有的同志认为价格串通协议就是垄断协议，在《反垄断法》施行以前只能按《价格法》《关于价格违法行为处罚规定》的相关规定查处，在《反垄断法》施行后应该按《反垄断法》相关规定查处。

笔者认为，经营者无论达成“价格串通协议”或是“价格垄断协议”，都扰乱了市场秩序，都应依法查处，但这两种价格违法行为究其本质是有区别的。对于判断某一扰乱市场价格秩序的协议是价格串通协议还是价格垄断协议，《反垄断法》第十三条有明确规定：“本法所称垄断协议，是指排除、限制竞争的协议、决定或者其他协同行为。”全国人大常委会法制工作委员会经济法室编写的《中华人民共和国反垄断法条文说明、立法理由及相关规定》(北京大学出版社出版)指出“确定一个协议是否为垄断协议,应主要采取合理分析的原则,以其是否排除或限制了市场竞争为衡量标准”[①]。可见,凡是排除或限制了市场竞争的,就属于价格垄断协议,应按《反垄断法》相关规定查处;凡是没有排除或限制市场竞争的,就不属于价格垄断协议,而是价格串通协议,应按《价格法》《关于价格违法行为处罚规定》相关规定查处。

那么,上述洗车店统一涨价协议是价格串通协议还是价格垄断协议呢?是按《价格法》《关于价格违法行为处罚规定》查处还是按《反垄断法》相关规定查处更为妥当呢?对此也必须坚持合理分析的原则。

## 一、要分析是否排除或限制了市场竞争

判断某一价格串通协议是否排除或限制了市场竞争,要用辩证思维、发展的眼光,而不能

① 全国人大常委会法制工作委员会经济法室:《中华人民共和国反垄断法条文说明、立法理由及相关规定》,北京大学出版社 2007 年版。

绝对化。主要应结合具体案情考虑4个要素:一要考虑市场准入是否受到严格限制。即如果政府对某一产业的市场准入实行严格限制,新企业进入市场参与竞争的难度较大,现有企业一旦达成价格串通协议就会排除或限制市场竞争,势必造成价格垄断;反之,如果政府对某一产业的市场准入没有实行限制,现有企业即使达成价格串通协议,市场经济固有的市场配置资源的机制必然导致新企业的产生并参与市场竞争,当然也就不能排除或限制市场竞争。二要考虑获取生产要素的难易程度。获取劳动力、土地、资本、知识产权等生产要素越难,出现参与竞争的新企业也越难,原有企业一旦达成价格垄断协议就能排除或限制市场竞争;反之,获取生产要素越容易,出现参与竞争的新企业也容易,原有企业即使达成价格串通协议,也难以排除或限制市场竞争。三要考虑筹建新企业时间的长短。现有企业达成价格串通协议后,企图进入市场参与竞争的新企业筹建时间越短,排除或限制市场竞争的时间也越短；反之，筹建新企业的时间越长，排除或限制市场竞争的时间也越长。四要考虑与相邻市场距离的远近。原有企业达成价格串通协议的市场与相邻市场的距离越近，消费者越容易到相邻市场（没有达成价格串通协议）去消费，达成价格串通协议的市场越不容易排除或限制市场竞争；反之，达成价格串通协议的市场与相邻市场的距离越远，消费者到相邻市场消费越难，达成价格串通协议的市场越容易排除或限制市场竞争。

洗车行业准入门槛低，获取生产要素容易，筹建时间短，到相邻市场方便，甚至车主都能成为竞争对手——自己动手洗车。8家洗车店达成价格串通协议，虽然在一定程度上扰乱了市场秩序，在一定时间内损害了消费者利益，但市场竞争仍然存在，短期垄断的局面很快会被打破，所以不是真正意义上的价格垄断协议，而是价格串通协议。

## 二、要分析是否符合《价格法》和《反垄断法》的立法精神

在查处价格违法行为时，把经营者之间签订的扰乱市场价格秩序的协议区分为“价格串通协议”与“垄断协议”，既符合《价格法》和《反垄断法》的立法精神，也具有很重要的现实意义。价格垄断侵害的是市场经济的竞争秩序，危害极大，理应按《反垄断法》相关规定实施严厉惩处。价格串通协议对整个市场竞争秩序的危害相对较小，损害的主要是消费者的利益，涉案的大多数是小微企业，目前这类企业经营环境差、利润微薄，但对就业和民生能发挥重要的积极作用，对这类企业的价格串通等普通违法行为，要教育、告诫、处罚并举，应按《价格法》《关于价格违法行为处罚规定》相关规定查处，使违法者接受教训、改过自新、合法经营。这既有利于广大小微企业的生存和发展，也有利于地方经济的健康持续发展，同时还能体现政府监管和服务的双重职能。

## 三、要分析是否适应执法实践的需要

一切法律的生命在于运用。按国家发改委现行查办价格违法行为的有关规定，对价格串通案件，各级价格主管部门都有权查办；对价格垄断案件，只有国家和省两级才有权查办。省级价格主管部门查办价格垄断案件，从查办前到查办后至少要向国家发改委价检局上报（备案）三次。如果洗车店价格串通协议这类普通的价格违法案件都按垄断案查处，其行政成本是难以想象的，也是无法做到的，更不符合中央所提倡的职能转变、重心下移、简政放权的精神。因此，从提高办案效率、减少行政成本的要求来看，价格串通案件也不应该按垄断案件办理。

所以，类似小镇上8家洗车店统一涨价这样的普通价格串通协议，不能排除或限制市场竞争，不是真正的价格垄断协议，在实践中按普通价格串通行为并根据《价格法》《关于价格违法行为处罚规定》相关规定查处更为妥当。

## 后　记

在价格监管实践中，准确把握价格政策不容易，准确把握反垄断政策更难。本文是针对全省各地价格监督检查系统的同志对如何准确理解“垄断行为”的举例说明，提出把“是否排除或限制市场竞争”作为区分是否是垄断行为的标准的观点，为各地准确把握“价格垄断行为”与“价格串通行为”划了一条“基准线”。

（原载《价格理论与实践》2015 年第 3 期，有删改）

# 六、进出口收费

浅论当前进出口环节经营服务性收费存在的问题和对策

# 浅论当前进出口环节经营服务性收费存在的问题和对策

确保外贸稳定增长，关乎扩大就业、改善民生和“稳增长”目标的实现。但是，目前我国一些企业面临进出口环节经营服务性收费项目多、收费标准高等问题，压缩了企业的赢利空间，甚至造成部分企业亏损，严重影响了企业从事进出口活动的积极性。对此，价格主管部门必须给予足够的重视，并采取积极措施加以解决。

## 一、当前进出口环节经营服务性收费存在的主要问题

目前,进出口环节经营服务性收费项目主要集中在海关、出入境检验检疫、港口码头三大系统,主要存在以下四个问题:

1. 收费项目多。海关、出入境检验检疫、港口码头三大系统经营服务性收费项目数量惊人,仅出口商品检验检疫就有近 1800 项,并且还有不断增加的趋势。港口码头收费长期实行行业自我监管,到底有多少经营服务性收费项目很难说清。

2. 收费标准高。进出口环节经营服务性收费项目基本都实行市场调节价,多数经营服务主体为行政职能部门下属的企事业单位,他们依托行政权力实行强制服务,与进出口企业信息不对称、地位不平等,收费标准明显偏高。如出口环节:报单费 100 元/单,报检费 100 元/单,换单费 100 元/单,文件费 350 元/单等,加重了进出口企业的负担。

3.定价方式乱。在海关、出入境检验检疫、港口码头三大系统数千种经营服务性收费项目中,有收费单位利用垄断地位自主定价的,也有由行业协会牵头定价的,还有由行业主管部门统一定价的,涉嫌价格垄断现象相当普遍。

4.价格监管弱。目前进出口环节除了行政事业性收费由政府统一管制以外,经营服务性收费项目政府基本没有监管。如财政部、国家发展改革委《关于出入境检验检疫收费问题的复函》(财综〔2003〕77号)明确规定:"企业和具备独立法人资格的事业单位承担商业性委托检验、鉴定等业务收取的费用,由原来的行政事业性收费改为经营服务性收费。"但当时没有明确改为经营服务性收费项目的定价形式,即没有明确是实行政府定价、政府指导价或还是实行市场调节价,导致实际执行中全部实行市场调节价,新出现的检验检疫项目更是由收费单位自行定价。海关、港口码头的经营服务性收费项目通常都由行业主管部门自行定价,定价行为混乱。

## 二、造成我国进出口环节经营服务性收费“乱象”的原因分析

分析进出口环节经营服务性收费存在问题的主要原因如下：

1. 新增项目多。随着我国进出口贸易不断增长和港口码头发展的需要，进出口环节的经营服务性收费项目逐年增加，仅与出入境检验检疫有关的商业性自愿委托检测和鉴定项目就有卫生检验检疫类、动物及动物产品类、饲料类、植物及植物产品类、食品和化妆品类、毒理测试、医疗卫生用品、医疗器械类等 20 余大项，具体子项还在持续更新和发展。新检验检疫项目的出现，需要制定新的收费标准，而政府的监管存在滞后乃至缺失的现象。

2. 垄断乱收费。当前，进出口环节开展经营服务性活动的部门往往是海关、出入境检验检疫、港口码头下属的企事业单位或与其有经济利益往来的一些企业，它们经济上与相应政府部门有瓜葛，处于垄断或变相垄断地位，具有

高收费、乱收费的客观条件。

3. 监管难度大。进出口环节经营服务性收费项目涉及海关检查、测验测试、港口作业等活动，具有很强的技术性、政策性和复杂性。当前全球陷入金融危机，一些国家奉行贸易保护主义，对我国设置贸易壁垒，不断增加、变更商品的技术指标，增加了检验检疫难度；各沿海、沿边省区市情况差异大，对每个项目都实行全国统一定价具有一定的难度，以致政府对许多收费项目的监管长期缺位。

## 三、规制进出口环节经营服务性收费的对策建议

进出口环节收费高、收费乱，加重进出口企业负担。价格主管部门要摸清情况，对症下药，减轻企业负担。

1. 要摸清底数。要在尽可能短的时间内，对进出口环节的收费现状进行全面调查，彻底摸清所有经营服务性收费项目、收费标准、定价方式、市场竞争程度等情况，做到心中有数。

2.要厘清价格管制方式。对进出口环节经营服务性收费项目要根据具体情况明确其定价形式。一是能放的必须放。对竞争充分、信息对称、地位平等的经营服务性收费项目要坚决实行市场定价。二是该管的必须管。凡是竞争不充分、信息不对称、地位不平等的经营服务性收费项目必须实行政府定价或政府指导价。

3.要实行服务项目收费许可审批制度。对于新出现的经营服务性收费项目,要实行收费立项审批。对于一时难以实行市场调节价的经营服务性收费项目,要做到能免费的尽可能免费;对于必须收费的经营服务性项目要明确定价形式,以保本微利为原则,尽可能降低收费标准。

4.要加强价格监管。对实行政府定价或政府指导价的经营服务性收费项目,要明确价格管理权限。凡是全国统一的经营服务性收费项目,可实行全国统一定价;凡是地方性经营服务性收费项目,或各地差异较大的经营服务性收费项目,要尽可能发挥各省区市价格主管部门的积极性，下放定价权限，先由各地价格部门制定相应价格政策，待条件成熟时再改为全国统一定价。对所有进出口环节的经营服务性收费项目，要加强价格行为的监管，实行明码标价、收费公示，切实规范价格行为。

## 后　记

进出口收费政策直接影响外贸企业的生存和发展，进出口收费项目多、收费标准高是外贸企业负担过重的主要因素。本文是在对宁波、舟山等地港口和其他市县外贸企业调研的基础上撰写的。

《价格理论与实践》2012 年第 11 期